JN025600

杉本敏夫 監修
最新・はじめて学ぶ社会福祉

介護概論

汲田千賀子・伊藤美智予・田中康雄・立花直樹
編著

ミネルヴァ書房

シリーズ刊行によせて

　この度，新たに「最新・はじめて学ぶ社会福祉」のシリーズが刊行されることになった。このシリーズは，もともと1998年に，当時岡山県立大学の教授であった故大島侑先生が監修されて「シリーズ・はじめて学ぶ社会福祉」として始まったものであった。当時，現監修者の杉本も岡山県立大学に勤務しており，一部の執筆と編集を担当した。そのような縁があって，その後，杉本が監修を引き継ぎ，2015年に「新・はじめて学ぶ社会福祉」のシリーズを刊行していただいた。

　この度の新シリーズ刊行は，これまでの取り組みをベースに，ちょうど社会福祉士の新しく改正されたカリキュラムが始まることに対応して新しいシラバスにも配慮しつつ，これからの社会福祉について学べるように改訂し，内容の充実を図るものである。また，これまでのシリーズは社会福祉概論や老人福祉論といった社会福祉の中核に焦点を当てた構成をしていたが，今回のシリーズにおいては，いままで以上に社会福祉士の養成を意識して，社会学や心理学，社会福祉調査等の科目もシリーズに加えて充実を図っているのが特徴である。

　なお，これまでの本シリーズの特徴は，①初心者にもわかりやすく社会福祉を説明する，②社会福祉士，精神保健福祉士，介護福祉士，保育士等の養成テキストとして活用できる，③専門職養成の教科書にとどまらないで社会福祉の本質を追究する，ということであった。この新しいシリーズでも，これらの特徴を継続することを各編集者にはお願いをしているので，これから社会福祉を学ぼうとしている人びとや学生は，そのような視点で社会福祉を学べるものと思う。

　21世紀になり，社会福祉も「地域包括」や「自助，互助，共助，公助」と

いった考え方をベースにして展開が図られてきた。そのような流れの中で，社会福祉士や精神保健福祉士もソーシャルワーカーとしての働きを模索，展開してきたように思うし，ソーシャルワーカー養成も紆余曲折を経ながら今日に至ってきた。複雑多様化する生活問題の解決を，社会がソーシャルワーカーに期待する側面もますます強くなってきている。さらには，社会福祉の専門職である保育士や介護福祉士がソーシャルワークの視点をもって支援や援助を行い，社会福祉士や精神保健福祉士と連携や協働が必要な場面が増加している。それと同時に，社会福祉士や精神保健福祉士としての仕事を遂行するのに必要な知識や技術も複雑，高度化してきている。社会福祉士の養成教育の高度化が求められるのも当然である。

　このまえがきを執筆しているのは，2021年1月である。世の中は新型コロナが蔓延しているまっただ中にある。新型コロナは人びとの生活を直撃して，生活の困難が拡大している。生活の困難に対応する制度が社会福祉の制度であり，それを中心となって担うのが社会福祉の専門職である。各専門職がどのような役割を果たすのかが問われているように思う。

　新型コロナはいずれ終息するであろう。その時に，我々の社会や生活はどのような形になるのであろうか。人びとの意識はどのように変化しているのであろうか。また，そのような時代に社会福祉の専門職にはどのようなことが期待されるのであろうか。まだまだよくわからないのが本当であろうが，我々は社会福祉の立場でこれらをよく考えておくことも重要ではないかと思われる。

　2021年1月

監修者　杉本敏夫

目　　次

第 I 部　介護を取り巻く現状

プロローグ

介護を学ぶ意義

　2019（令和元）年に社会福祉士養成課程の教育内容の見直しが行われた。それまで介護に関する内容は，「高齢者に関する支援と介護保険制度」（60時間）のなかで，介護の概念や対象，介護予防，介護過程，認知症ケア，終末期ケア，介護と住環境について学習することになっていた。しかし，見直しでは「高齢者福祉」と科目名が変更され，時間数がこれまでの半分の30時間となり，介護に関する内容は含まれなくなった。

　本書は，新カリキュラムの学習内容に定められていない上記の内容に加えて，今日の介護に従事する人たちの現状を理解するため介護人材の国際化や，福祉用具・機器について学ぶ章を設けている。さらに，第4部と第5部では，事例を通して介護過程，介護を必要としている本人・家族の思いや福祉専門職・多職種の考え方・行動などについて学んでほしい。

　本書を手にしている多くの人は，社会福祉士を目指しているだろう。すでに，介護福祉士の資格を取得し，次の資格として社会福祉士を目指している人もいるかもしれない。または，介護現場でこれから働こうとしている人や音楽療法士や歯科衛生士など，専門分野は異なるが介護を必要としている人たちにかかわる仕事に就くために本書を手にとった人もいるだろう。いずれにしても，本書は幅広くこれから介護に関心がある，あるいは社会福祉にかかわろうとする人に向けて書かれている。

　介護にかかわる仕事が専門職である所以は，きちんとした理論と知識のもとに技術があり，専門職が自分の介護の根拠を他者に説明できること，そして，ストレングスやエンパワメントの視点で利用者にかかわり，利用者の能力を奪

うような支援をしないことにある。もし，自分自身が介護を仕事としないとしても，介護を担っている人たちと協働する場面があるとするなら，ひとつの専門職がどのような視点でその役割を担っているのかを知ることは多職種を理解するうえでは欠かせない。時折，「相談職として働くのに介護の知識は必要ですか」と聞かれることがある。実際に介護に関する相談を受ける時，相談者である介護家族がこれまでどのような介護をしてきたのか，要介護度からどのくらいの介護負担があるのかを想像することができるだろうか。あるいは，介護施設や居宅サービスで行われる介護は家族が行う介護とどのように違うのかを相談者に説明することができるだろうか。さらに，今日の介護を担う施設の多くは，施設での看取りを行っている。つまり，親族以外の他者である職員が，人生を締めくくるその時がくるまで支援し続け，最期に立ち会うのである。介護を取り巻く法律や制度の理解を含めて，介護の知識はやはりある方がよいだろう。

　一方で，介護従事者として働くことを目指す人にとっても，相談員などの基盤となるソーシャルワークの考え方や，多職種とどのように連携をしながら仕事をしていくのか，どのような角度から利用者の支援を捉え支援しているのか，それはどういう点で同じであり，違うのかなどについても考えていく機会になれば幸いである。

　近年の介護を取り巻く現状は，担い手不足への手立てを進めていくなかで，新たに発生した新型コロナウイルス感染症（COVID-19）への対応に追われた。そして，それは今もなお続いている。特に，介護施設における感染拡大は，これまで介護施設で作り上げてきた日常生活の営みが根幹から揺るがされる事態でもあった。介護施設では，生活のなかに「ともにあること」や「分かち合うこと」を感じる場面がいくつもあるが，それらは三密（密集・密接・密閉）となるため，感染予防のために避けるべきこととされた。利用者だけでなく介護する側にも感染リスクがあるなかでも，介護を必要とする高齢者の生活がそこで継続されている以上，業務を中止するわけにはいかない。感染するリスクと感染させてしまうリスクを抱えながら，家族との面会，外出・外食などのレクリエーション，ボランティア受け入れの中止などを余儀なくされたが，限られた

なかでできることを模索し，創意工夫を凝らしてきた。

　支援を止めることができない介護の仕事は「人」によって行われ，今後のよりいっそうのIT技術やIoTの発展があってもすべてがそれらにとって代わられることはないだろう。だからこそ，多くの社会福祉を学ぶ人たちに「介護」について概論を知っていてほしい。本書は，章ごとに予習課題と復習課題として2つの学習課題を設けた。さらに，第4部と第5部は，事例（用いている人物名はいずれも仮名）や章末のワークシートにより学習を深化できるようにしている。ぜひ活用していただきたい。

第Ⅰ部

介護を取り巻く現状

第1章

現代社会における介護ニーズの増加と専門職

　現代の日本は少子高齢社会であり，増加傾向にある高齢者を，減少傾向にある64歳以下の人たちが支える社会構造となっている。そのことで，介護を取り巻く問題は複雑，多様化し，かつ深刻化している。それに伴い，介護ニーズも複雑化し多様化している。複合的な課題を抱える家庭も増えており，地域共生社会の実現に向けての取り組みが進められつつある。本章では，現代の日本社会の状況とそれに伴う介護ニーズについて理解していく。さらに，介護サービスを担う介護福祉専門職であり国家資格である介護福祉士の業務とその変遷について理解していく。

1　現代の日本社会の状況と様々な介護ニーズ

（1）日本の少子高齢化の状況

　現代の日本は，少子化と高齢化が同時に進む**少子高齢化**の社会となっている。1950（昭和25）年の高齢化率（総人口に占める65歳以上の人口の割合）は4.9％であったが，その後経済的に豊かになり医療技術が進歩した影響から平均寿命が伸び，1970（昭和45）年には7％を超え「高齢化社会」に，1994（平成6）年には14％を超え「高齢社会」に，そして2007（平成19）年には21％を超え「超高齢社会」へと突入した。2022（令和4）年6月1日時点の日本の高齢化率は29.0％である。一方，14歳以下の子どもの総人口に占める割合は48年連続で低下しており，2022（令和4）年4月1日の推計で11.7％となっている。増加傾向にある高齢者を，減少傾向にある64歳以下の人たちが支える社会構造となっ

ており，介護が必要な高齢者をどのように支えていくかが社会的にも大きな課題である。特に，1947（昭和22）～1949（昭和24）年の第1次ベビーブームに生まれた「団塊の世代」がすべて後期高齢者（75歳以上の高齢者）となる2025年には，医療や介護を必要とする人が顕著となり，医療や介護サービスとそれを担う人材が不足することが予想されており，**2025年問題**といわれている。ここで後期高齢者に焦点をあてているのは，後期高齢者になると認知症になったりその他の病気などによって介護が必要となる可能性が高まるためである。また，「団塊の世代」の子ども世代である1971（昭和46）～1974（昭和49）年の第2次ベビーブームに生まれた「団塊の世代ジュニア」がすべて65歳以上の高齢者となる2040年にも同様の状況が予想されており，2040年問題といわれている。

（2）日本の世帯構造の変化に伴う「介護の社会化」の高まり

　65歳以上の者がいる世帯の世帯構造は，2019（令和元）年時点で「単独世帯」は28.8％，「夫婦のみの世帯」は32.3％と，65歳以上の者のみの世帯が過半数を超えている。また，介護者の年齢をみると，2019（令和元）年時点で65歳以上の高齢者が65歳以上の高齢者を介護する**老老介護**が59.7％，そのうち75歳以上の後期高齢者が75歳以上の後期高齢者を介護する場合も33.1％にも及び，いずれも増加傾向にある。[3]さらに，認知症の者が認知症の者を介護する認認介護も少なからずある。

　このように，介護を必要とする高齢者をその家族が介護するということは，現実的にはかなり厳しい状況にある。介護は社会全体で担っていくものであるという「**介護の社会化**」の必要性が高まっている。

（3）高齢者介護を取り巻く問題の複雑化と多様化

　『令和3年版　高齢社会白書』によれば，日本は総人口が減少するなかで高齢者の人口が増加することにより高齢化率が上昇し続け，高齢化率のピークは2065年には38.4％に達し，高齢者の人口のピークは2042年頃と予測されている。[4]

　一方，40代・50代の人で，一生結婚しない人の率（生涯未婚率）は年々上昇しており，2035年には男性の約3割，女性の約2割に達するといわれている。40

代・50代で親と同居している未婚者は約263万5000人と，1995（平成7）年の約112万6000人から倍以上に増えている。このような状況は2010年代の半ばには確認されはじめていたが，2018（平成30）年に70～80代の親と40～50代の子が関係する事件が複数発生し，この頃から社会的問題として顕在化し，「**8050問題**」といわれるようになった。

　「8050問題」とは，同居している80代の親と無職やひきこもり状態にある独身の50代の子どもが生活に困窮している状態をいう。特に，「80代の母親」と「50代の息子」が同居している割合が最も大きい。働いていない子どもがひきこもり状態にあり，ひきこもりが長期化・高年齢化している場合がみられる。子どもには収入がないため，親子は親の年金だけで生活していることが多い。親に介護が必要な状態となった時には，子どもはひきこもり状態で社会的に孤立しているため，近隣住民や介護に関する専門機関などに相談することもできず，介護保険サービスを利用せずに子どものみで親の介護を抱え込んでしまい，適切な介護が提供されず介護放棄や暴言・暴力などの虐待がみられる場合もある。また，子どもの小遣いを捻出するために，親が自らの介護サービスの利用を手控えるといったこともみられる。子どもに発達障害や精神障害などがある場合もあり，「介護が必要な親」を「障害を持っている子ども」が介護をしている「老障介護」世帯も存在している。さらに，「8050」世帯の前後の年代である「7040」（70代の親と40代の子ども）や「9060」（90代の親と60代の子ども）においても，同様の状況にある世帯が存在している。

　また，親の介護を理由に離職（**介護離職**）し，自らの貯金や親の年金だけで生活している「8050」や「7040」世帯も存在している。このようなケースでは，子どもは親が亡くなった後に再就職しようとしても難しく，ますます生活に困窮していくことになり，経済的支援や就職に向けた支援が必要となることが多い。

（4）障害児における医療技術の進歩による医療的ケアへのニーズの高まり

　新生児集中治療室（NICU）の整備などの医療技術の進歩により，新生児の救命率が上がり，障害を持つ子どもたち（以下，障害児）が増えた。障害児の

なかには，生きていくうえで何らかの医療的ケアが必要な子どもも多い。厚生労働省の推計では，2016（平成28）年度では全国に約1万7000人いるとされ，10年間で約2倍となっている。そのため，国は同年度から，小・中学校に看護師を配置する自治体に対して費用の3分の1を補助するようになった。2018（平成30）年度の障害福祉サービス報酬改定により，障害児が通う施設に看護師を配置すると加算対象となった。2019（令和元）年11月1日現在，幼稚園，小・中・高等学校に在籍する医療的ケアが必要な児童数は1453人，特別支援学校に在籍する医療的ケアが必要な児童数は8392人いる。

　医療的ケアを受けながら教育を受けられるようにとのニーズが高まり，2021（令和3）年6月11日に，「医療的ケア児及びその家族に対する支援に関する法律」（医療的ケア児支援法）が成立し，9月18日に施行された。この法律において，医療的ケアとは「人工呼吸器による呼吸管理，喀痰吸引その他の医療行為」とし，**医療的ケア児**とは「日常生活及び社会生活を営むために恒常的に医療的ケアを受けることが不可欠である児童」と定義している。

　2022（令和4）年4月の診療報酬改定により，「主治医が小中学校などの学校医らに子どもの診療状況を文書で伝え，学校生活上の留意点を共有すれば診療報酬に一定額が加算される」対象が，「保育所，幼稚園，高等学校」にも拡大された。自宅を訪れて看護にあたる訪問看護ステーションからの情報提供先にも，新たに高等学校などを加える方針が示された。医師による緊急時の往診に，呼吸不全やけいれんを対象に加える方向で検討されている。

　このように，介護ニーズや医療的ケアのニーズは，児童から高齢者まで増加している状況にある。

2　地域共生社会とそれを支える地域包括ケアシステム

（1）地域共生社会

　2016（平成28）年6月に「ニッポン一億総活躍プラン」において，地域共生社会という理念が提案された。**地域共生社会**とは，「制度・分野の枠や『支える側』『支えられる側』という従来の関係を超えて，人と人，人と社会とがつ

ながり，一人ひとりが生きがいや役割を持ち，助け合いながら暮らしていくことのできる，包摂的なコミュニティ，地域や社会」である。このような地域共生社会の実現に向けた地域づくりの強化を図るために，2016（平成28）年度からその取り組みを推進するためのモデル事業を実施し，2019（令和元）年度は208自治体が取り組んだ。そして，2018（平成30）年４月に，「地域包括ケアシステムの強化のための介護保険法等の一部を改正する法律」を施行した。その後，2019（令和元）年５月に「地域共生社会に向けた包括的支援と多様な参加・協働の推進に関する検討会」が設置され検討が進められ，12月26日に最終とりまとめが出された。さらに，2019（令和元）年６月21日に閣議決定された「経済財政運営と改革の基本方針2019」（骨太の方針）においては，「全ての人々が地域，暮らし，生きがいを共に創り高め合う地域共生社会を実現する」として，「断らない相談支援などの包括支援や多様な地域活動の普及・促進について，新たな制度の創設の検討を含め，取組を強化する」とし，そのために改正社会福祉法が2020（令和２）年６月５日に成立し，2021（令和３）年４月に施行された。この改正では，ひきこもりや介護，貧困といった複合的な課題を抱える家庭に対し，一括して相談に乗るとしている。そして，①属性や世代を問わずに相談を受け止め，多機関の協働やアウトリーチ（訪問支援）を実施し，②制度のはざまにあるニーズに対応し，③住民同士が交流できる場や居場所確保などの地域づくりを想定し，課題を抱えた人や家庭に対して状況を見守りながら継続的にかかわる「伴走型」支援が重要であるとしている。

（2）地域包括ケアシステム

　国は，団塊の世代がすべて後期高齢者になる2025年を目途に，重度な要介護状態となっても住み慣れた地域で自分らしい暮らしを人生の最後まで続けることができるよう，住まい・医療・介護・介護予防・生活支援が一体的に提供される**地域包括ケアシステム**の構築を推進している（図１-１）。地域包括ケアシステムは，おおむね30分以内の日常生活圏域で，必要なサービスが提供されることを想定している。

　地域包括ケアシステムは，「本人の選択と本人・家族の心構え」「すまいとす

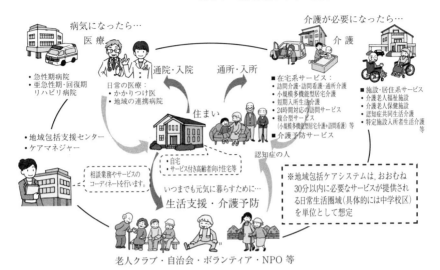

図1-1　地域包括ケアシステムの姿

出所：厚生労働省「地域包括ケアシステム」（https://www.mhlw.go.jp/stf/seisakunitsuite/bunya/huku shi_kaigo/kaigo_koureisha/chiiki-houkatsu/　2022年7月3日閲覧）。

図1-2　地域包括ケアについて

出所：図1-1と同じ。

まい方」「介護予防・生活支援」「医療・看護」「介護・リハビリテーション」「保健・福祉」の6つの要素から構成されている。

　図1-2は，「本人の選択と本人・家族の心構え」の受け皿の上に「すまいとすまい方」の植木鉢があり，そのなかには「介護予防・生活支援」の土があり，

そこから「医療・看護」「介護・リハビリテーション」「保健・福祉」という3枚の葉が生い茂っているという図である。人生の最後まで自分らしい暮らしを続けるために，最も重視されるべきことは「本人の選択・本人・家族の心構え」である。それを踏まえて，生活の基盤となる「すまいとすまい方」のなかで「介護予防・生活支援」が提供され，3つの専門的なサービスと専門職が効果的にかかわって，尊厳ある自分らしい暮らしが実現するというイメージを表している。[6]

3　介護福祉専門職の変遷と国家資格「介護福祉士」

（1）「介護福祉士」誕生までの介護福祉専門職に関する取り組み

　介護福祉の専門職が制度として位置づけられる前から，1956（昭和31）年に長野県で「家庭養護婦派遣事業」，1958（昭和33）年に大阪市で「臨時家政婦派遣制度」などが先駆的に取り組まれていた。1962（昭和37）年に厚生省（現在の厚生労働省）は「老人家庭奉仕事業運営要綱」を定め，新たに国庫補助をはじめた。同年に社会福祉審議会が「老人福祉施策の推進に関する意見」において，特別養護老人ホームの設置と家庭奉仕員の派遣をすべきであると報告している。それを受けて，1963（昭和38）年に老人福祉法が制定され，特別養護老人ホームと老人家庭奉仕員が規定された。特別養護老人ホームにおいては寮母が介護を行うこととなった。1987（昭和62）年2月25日に提出された「社会福祉におけるケアワーカー（介護職員）の専門性と資格制度について（意見）――日本学術会議社会福祉・社会保障研究連絡委員会報告」において，家庭奉仕員や寮母などには専門性が必要であると報告している。さらに，同年3月23日に中央社会福祉審議会等福祉関係三審議会の合同企画分科会から出された「福祉関係者の資格制度について（意見具申）」において，介護福祉専門職の資格制度を創設することが必要であると報告している。[7]

（2）介護福祉の国家資格「介護福祉士」の誕生と業務の変遷

　1987（昭和62）年，**社会福祉士及び介護福祉士法**の制定によって，介護福祉

の専門職であり国家資格である介護福祉士が誕生した。この法律の制定当時，介護福祉士の業務は「専門的知識及び技術をもつて，身体上又は精神上の障害があることにより日常生活を営むのに支障がある者につき入浴，排せつ，食事その他の介護を行い，並びにその者及びその介護者に対して介護に関する指導を行うこと」であると定義された。この当時は，「介護」の内容は入浴，排せつ，食事といった三大介護が中心であると捉えられていた。

　その後，2005（平成17）年に厚生労働省が「医師法第17条，歯科医師法第17条及び保健師助産師看護師法第31条の解釈について」（平成17年7月26日医政発第0726005号）という通知を発出し，ここで示された11の行為については介護職員が実施することが可能となった。

　第1節で述べたように，介護を必要とする高齢者や認知症高齢者の増加，医療的ケアへのニーズの高まりを受けて，介護福祉士に求められる業務も変化してきた。そして，介護福祉士の定義も2回改正されている。認知症は，その原因となる疾患や段階に応じて心身の状態も変化する。そのため，介護の内容・方法は一人ひとり異なり，また同じ利用者であってもその時々で変化する。認知症高齢者の増加に伴い，個別性に応じた介護を提供していくことがより求められると考え，2007（平成19）年に「入浴，排せつ，食事その他の介護」が「心身の状況に応じた介護」へと改正された。さらに2011（平成23）年に，「心身の状況に応じた介護」の後に「喀痰吸引その他のその者が日常生活を営むのに必要な行為であつて，医師の指示の下に行われるもの（厚生労働省令で定めるものに限る。以下「喀痰吸引等」という。）を含む」という文言を追加し，一定の要件を満たすことを条件としたうえで，喀痰吸引等を介護福祉士の業務として規定した。

　このように，介護福祉士に求められる業務は，日本社会の状況とそれに伴う介護ニーズに応じて規定され，変化しており，今後も変化していくことが予想される。

注

(1)　総務省統計局（2022）「人口推計——2022年（令和4年）11月報」。

(2)　総務省統計局（2022）「統計トピックスNo. 131　我が国のこどもの数——『こどもの日』にちなんで（『人口推計』から）」（https://www.stat.go.jp/data/jinsui/topics/topi1311.html　2022年5月6日閲覧）。

(3)　介護福祉士養成講座編集委員会編（2022）『社会の理解（第2版）』中央法規出版，122頁。

(4)　内閣府編（2021）『令和3年版　高齢社会白書』日経印刷，4頁。

(5)　地域共生社会推進検討会（2019）「地域共生社会に向けた包括的支援と多様な参加・協働の推進に関する検討会　最終とりまとめ」。

(6)　厚生労働省「地域包括ケアシステム」（https://www.mhlw.go.jp/stf/seisakunitsuite/bunya/hukushi_kaigo/kaigo_koureisha/chiiki-houkatsu/　2022年7月3日閲覧）。

(7)　介護福祉士養成講座編集委員会編（2022）『介護の基本（第2版）』中央法規出版，34頁。

参考文献

月刊ケアマネジメント編集部（2019）「特集　8050問題に注目　長期化するひきこもり」『月刊ケアマネジメント』2019年3月号，17～19頁。

厚生労働省編（2021）『令和3年版　厚生労働白書』日経印刷。

地域共生社会推進検討会（2019）「地域共生社会に向けた包括的支援と多様な参加・協働の推進に関する検討会　最終とりまとめ」。

内閣府編（2021）『令和3年版　高齢社会白書』日経印刷。

KHJ全国ひきこもり家族会連合会（2019）「長期高齢化する社会的孤立者（ひきこもり者）への対応と予防のための『ひきこもり地域支援体制を促進する家族支援』の在り方に関する研究——地域包括支援センターにおける『8050』事例への対応に関する調査　報告書」。

学習課題

①　「介護」のイメージについて考えてみよう。なぜ，そのようなイメージを抱いたのかを，考えてみよう。

②　独居高齢者が要介護状態になった場合に生じる介護ニーズについて，考えてみよう。

キーワード一覧表

☐ **少子高齢化**　少子化と高齢化が同時に進行する状況をいう。少子化とは，14歳以下の子どもの人口が減少することである。高齢化とは，65歳以上の人口が増加することである。　6

☐ **2025年問題**　1947（昭和22）年から1949（昭和24）年の第1次ベビーブームに生まれた世代のことを「団塊の世代」という。すべての団塊の世代が75歳以上の後期高齢者になる2025年には，医療や介護を必要とする人が多く発生し，医療や介護サービスとそれを担う人材が不足することが問題とされている。　7

☐ **老老介護**　「老」とは老人を意味し，65歳以上の者（高齢者）のこと。老老介護とは高齢者が高齢者を介護している状態をいう。具体的には，高齢者夫妻での介護や65歳以上の子が高齢な親を介護する場合などが考えられる。　7

☐ **介護の社会化**　これまで家庭内・家族が担うことが当然とされてきた「介護」を，家族形態の変化などにより困難になったことから，社会全体で支えていこうとすること。　7

☐ **8050問題**　80代の親と無職やひきこもり状態の50代の子が同居する世帯が，生活困窮や介護，社会的孤立などの様々な問題を抱えること。親世代の介護問題をきっかけにして表面化することも少なくない。　8

☐ **介護離職**　家族の介護を理由に仕事を辞めること。1年間で約9.9万人が介護離職している（離職者全体の1.8％に相当）。介護に集中できるなどのメリットがあるが，収入の減少による経済的不安などのデメリットもある。　8

☐ **医療的ケア児**　「医療的ケア児及びその家族に対する支援に関する法律」（医療的ケア児支援法）第2条において，医療的ケア児とは「日常生活及び社会生活を営むために恒常的に医療的ケアを受けることが不可欠である児童」と定義している。　9

☐ **地域共生社会**　制度・分野の枠や，「支える側」「支えられる側」という従来の関係を超えて，人と人，人と社会とがつながり，一人ひとりが生きがいや役割を持ち，助け合いながら暮らしていくことのできる地域や社会を創るという考え方をいう。2016（平成28）年6月に「ニッポン一億総活躍プラン」で提案された。　9

☐ **地域包括ケアシステム**　地域の実情に応じて高齢者が，可能な限り，住み慣れた地域で自らの能力に応じて自立した日常生活を営むことができるよう，住まい，医療，介護，介護予防および自立した日常生活の支援が包括的に確保される体制をいう。　10

☐ **社会福祉士及び介護福祉士法**　1987（昭和62）年に制定され，社会福祉士と介護福祉士の2つの国家資格の法的根拠となっている法律である。　12

第 2 章

介護の歴史的変遷

　本章では，介護の歴史的変遷について，救貧対策からはじまった老人福祉施策がどのような人を対象に行われてきたのか，そして老人福祉法の制定に至る経緯について整理する。さらに，時代とともに制定されていく法律とその特徴，介護の社会化をめぐる背景と介護保険制度の導入という今日の施策までを概観する。

1　家族介護を前提とした老人福祉施策の歴史

（1）救貧対策としての老人福祉施策

　明治から大正の高齢者福祉施策は，一般に養老事業といわれる貧困対策が中心とされていた。1874（明治7）年，浮浪貧民，困窮者を対象とするはじめての救貧制度として恤救規則が成立した。対象の高齢者は70歳以上の廃疾，独身で重病，老衰のものとされており，在宅での救済が行われていた。明治期から救貧救護の施設が創設されはじめ，その代表として，小野慈善院（石川），恤救場（大阪），東京市養老院，大勧進養老院（長野）が創設され，混合収容型の救護施設であった。[1] 1877（明治10）年頃から対象別に施設が分類化されはじめ，高齢者の分野では，1895（明治28）年にはじめての養老院である「聖ヒルダ養老院」，1899（明治32）年に神戸友愛養老院，1901（明治34）年に名古屋養老院，1902（明治35）年に大阪養老院などが設立された。当時は，制限的な恤救規則での救貧対策と養老院での収容保護が中心であった。[2]

　その後，1929（昭和4）年に救護法が成立した。救護法では，これまでの恤

救規則よりも対象が広くなったが，依然，家族制度や村落共同体を中心とした相互扶助思想の隣保相扶に期待する制度となった。具体的には，対象が65歳以上と対象年齢は引き下げられたものの限定されており，居宅救護が原則とされていたが，養老院などへの施設収容保護も認められるようになった。

　第二次世界大戦後には震災孤児に対する法律の整備は進んでいたが，高齢者に関する特別の立法措置は十分ではなかった。⁽³⁾戦後の高齢者福祉への対策は，戦禍による困窮と混乱のなかで身寄りや家を失った高齢者の緊急保護からはじまったとされている。1945（昭和20）年12月に GHQ の覚え書きに基づき策定された「生活困窮生活援護要綱」により，1946（昭和21）年に旧生活保護法が策定されたことに端を発し，高齢者施策は貧困者対策のなかで行われてきた。

　その後，徐々に痴呆症（認知症）や寝たきり高齢者に対する介護問題が注目されるようになった。高齢者の在宅支援に関する取り組みとして，1956（昭和31）年に自治体の独自事業として家庭奉仕員制度が創設された。この背景には，当時核家族化が進み，世帯人員が減少してきたことがある。また，高齢者人口の増加を背景に経済的に自立し得ない高齢者が多数存在したことが社会問題化しつつあったこともある。家庭奉仕員制度は現在のホームヘルパーの前身であり，その内容は，当該自治体の住民で，派遣対象者となる要件を満たし，生活上に困難が生じ，個別訪問による援助を必要とする世帯に対し，家庭奉仕員を派遣して援助を行う社会福祉サービスであったとされている。⁽⁴⁾自治体の活動として先進的に行われてきたものとして，1955（昭和30）年から長野県上田市で民生委員によって行われてきた「家庭養護ボランティア事業」がある。それを発展させ1956（昭和31）年には「家庭養護婦派遣事業」として制度化された。その後，この活動は全国に広まり，1962（昭和37）年には国庫補助が開始され，老人福祉法が制定されるとその第12条に老人家庭奉仕員が規定された。⁽⁵⁾都市に人口が集中しはじめたことに伴い，親世代との別居，核家族化が進行した。さらに徐々に高齢者数が増加していくなかで，家族内扶養能力の低下が顕著となり，生活課題として取り上げられるようになった。

表2-1　高齢者福祉法制度の流れ

1929（昭和4）年	救護法の制定
1950（昭和25）年	生活保護法の制定
1958（昭和33）年	国民健康保険法の制定
1959（昭和34）年	国民年金法の制定
1963（昭和38）年	老人福祉法の制定
1970（昭和45）年	高齢化社会へ突入
1973（昭和48）年	老人福祉法の改正
1982（昭和57）年	老人保健法の制定
1994（平成6）年	高齢社会へ突入
1997（平成9）年	介護保険制度（2000年施行）
2005（平成17）年	高齢者虐待防止法の制定
2006（平成18）年	高齢者の医療の確保に関する法律の制定
2007（平成19）年	超高齢社会へ突入

出所：筆者作成。

（2）高齢者を独自の対象とした法整備

　1963（昭和38）年には，日本初の高齢者に対する専門的法律として**老人福祉法**が制定された（表2-1）。

　同法制定の背景には，前述のように日本では要介護高齢者の増加に伴い，介護問題に注目が集まりはじめ，社会全体で高齢者を支援するために法律の整備が求められはじめた。高齢者人口増加の予測と，高齢者施策の遅れにより社会的な対応が喫緊の課題となり，生活保護との分離が求められるようになってきた。これらの流れを受け，高齢者を独自の対象とした法整備が望まれていた。高齢事業関係者をはじめとする社会福祉関係者が老人福祉法の制定を望んできた。そうして1963（昭和38）年に制定された老人福祉法では，老人福祉サービスが施設福祉と在宅福祉といったように明確に体系づけられることとなった。在宅福祉面での老人福祉施設を推進するため，国は，老人福祉法の制定に伴い，「公営住宅法」を改正している。これにより高齢者を扶養する勤労者世帯への支援策からはじまった老人世帯向け特定目的公営住宅が供給されはじめた。その後，1973（昭和48）年の老人福祉法改正に伴い，老人医療費支給制度が創設

表2-2　老人福祉法の構成

第1章	総則
第2章	福祉の措置
第3章	事業及び施設
第3章の2	老人福祉計画
第4章	費用
第4章の2	有料老人ホーム
第5章	雑則
第6章	罰則
附　則	

出所：筆者作成。

され，老人医療費が無料になった。1975（昭和50）年には，財政制度審議会が「安定成長下の財政運営に関する中間報告」を発しており，高齢者福祉も行政施策の対象となる流れになってきた。

　老人福祉法の構成は，表2-2の通りとなっている。

　第1章総則では，目的，基本理念，老人福祉増進の責務，老人の日と老人週間，定義，福祉の措置の実施者などが定められている。第2章では，福祉の措置として支援体制の整備等，居宅における介護等が定められている。第3章においては，事業及び施設として，老人居宅生活支援事業の開始，施設などの規定がなされている。第3章の2では，老人福祉計画の市町村老人福祉計画，都道府県老人福祉計画が定められている。第4章においては費用の扱いのなかで介護保険法による給付との調整，都道府県や国の補助等について規定されている。第4章の2では有料老人ホームの設置などについて規定されている。

　老人福祉法は第1条で同法の目的を，「この法律は，老人の福祉に関する原理を明らかにするとともに，老人に対し，その心身の健康の保持及び生活の安定のために必要な措置を講じ，もつて老人の福祉を図ることを目的とする」としている。基本理念として第2条で，「老人は，多年にわたり社会の進展に寄与してきた者として，かつ，豊富な知識と経験を有する者として敬愛されるとともに，生きがいを持てる健全で安らかな生活を保障されるものとする」と高

齢者の生活の保障について規定している。第3条では，「老人は，老齢に伴っ
て生ずる心身の変化を自覚して，常に心身の健康を保持し，又は，その知識と
経験を活用して，社会的活動に参加するように努めるものとする」と高齢者自
身の社会での活躍や社会が高齢者に対してその活躍する場所を与えることが求
められている。

（3）老人医療費無料化から老人保健法制定へ

　高齢者の保健に関する法律として成立したのが老人保健法である。この法律
の制定までは，高齢者の保健に関しては，老人福祉法が担ってきた。1973（昭
和48）年老人福祉法の一部改正による「老人医療費支給制度」から，75歳以上
の高齢者の医療費が無料となった。しかし，あまり医療を必要としていない高
齢者の受診や社会的入院が広がる結果となり，医療費にかかる財政負担が増大
した。そこで国は，1982（昭和57）年2月に疾病の予防と健康づくりの強化，
国民の公平な負担などを目的として，老人保健法を制定した。老人医療支給制
度は見直され，無料から一部負担へと変わった。なお，老人保健法は，2006
（平成18）年6月21日に公布された「健康保険法等の一部を改正する法律」によ
り大幅に改正され，2008（平成20）年より**「高齢者の医療の確保に関する法律」**
（高齢者医療確保法） となっている。

　老人保健法で実施されていた医療制度は，「後期高齢者医療制度」という新
たな独立した制度となった。この制度では，75歳以上（後期高齢者）を対象と
する規定と65歳以上75歳未満（前期高齢者）を対象とする2つの規定が設けら
れた。また保険事業については，特定健康診査及び特定保健指導と「健康増進
法」のもとで行われる健康増進事業はこの法律により位置づけられた。高齢者
医療確保法の構成は表2-3の通りである。

　同法は第1条に法律の目的を「国民の高齢期における適切な医療の確保を図
るため，医療費の適正化を推進するための計画の作成及び保険者による健康診
査等の実施に関する措置を講ずるとともに，高齢者の医療について，国民の共
同連帯の理念等に基づき，前期高齢者に係る保険者間の費用負担の調整，後期
高齢者に対する適切な給付等を行うために必要な制度を設け，もつて国民保健

表 2-3　高齢者の医療の確保に関する法律（高齢者医療確保法）の構成

第 1 章	総則
第 2 章	医療費適正化の推進
第 3 章	前期高齢者に係る保険者間の費用負担の調整
第 4 章	後期高齢者医療制度
第 5 章	社会保険診療報酬支払基金の高齢者医療制度関係業務
第 6 章	国民健康保険団体連合会の高齢者医療関係業務
第 7 章	雑則
第 8 章	罰則
附　　則	

出所：筆者作成。

の向上及び高齢者の福祉の増進を図ること」としている。

　そして，第 2 条第 1 項では，「国民は，自助と連帯の精神に基づき，自ら加齢に伴つて生ずる心身の変化を自覚して常に健康の保持増進に努めるとともに，高齢者の医療に要する費用を公平に負担するものとする」として老人保健に関する理念を定めている。同条第 2 項において，「国民は，年齢，心身の状況等に応じ，職域若しくは地域又は家庭において，高齢期における健康の保持を図るための適切な保健サービスを受ける機会を与えられるものとする」と規定されている。理念のひとつは国民が老人医療に関する費用を公平に負担することにあった。

（4）在宅福祉の強化に向けた政策展開

　日本において，75歳以上人口（後期高齢者）は2021（令和 3 ）年現在1867万人で男性733万人，女性1134万人となっており，65〜74歳人口を上回る現状となっている[6]。日本の高齢化率は，1970（昭和45）年に 7 ％，1994（平成 6 ）年に14％を超え，高齢化社会から高齢社会へ移行するまでの所要年数（倍化年数）は24年となっており，世界でも高齢化が早く進んでいる。

　急速な高齢化を背景とし，在宅福祉の強化に向けた21世紀の高齢社会に備えて公的なサービスの量的整備を目標として当時の厚生省，大蔵省，自治省の 3

大臣による合意のもと，「**高齢者保健福祉推進10か年戦略（ゴールドプラン）**」が1989（平成元）年に策定された。これは，利用者条件の拡大，利用者要件の緩和など利用の一般化を目指す方向性が具体化されるものとして期待された。本計画は，①市町村における在宅福祉対策の緊急整備，②「寝たきり老人ゼロ作戦」の展開，③在宅福祉等充実のための「長寿社会福祉基金」の設置，④施設の緊急整備，⑤高齢者の生きがい対策の推進，⑥長寿科学研究推進10か年事業，⑦高齢者のための総合的な福祉施設の整備が盛り込まれた。数値目標を具体的に示して在宅福祉事業が積極的に進められるようになった。

　その後，サービス整備目標量がゴールドプランを大きく上回り，1994（平成6）年には計画の内容を見直していっそうの充実を図るために，「**新・高齢者保健福祉推進10か年戦略（新ゴールドプラン）**」が策定された。具体的には，在宅介護を強化していくための各種在宅サービスの整備目標を新たに定め，人材の養成と確保についても数値目標が掲げられた。

　1999（平成11）年，「新ゴールドプラン」の最終年度を迎えたことと，市町村介護保険事業計画，都道府県事業支援計画の策定を受けて，新たに「今後5か年間の高齢者保健福祉施策の方向（ゴールドプラン21）」が策定された。ゴールドプラン21の具体的施策は，①介護サービス基盤の整備：「いつでもどこでも介護サービス」，②痴呆性高齢者支援対策の推進：「高齢者が尊厳を保ちながら暮らせる社会づくり」，③元気高齢者づくり対策の推進：「ヤング・オールド作戦」の推進，④地域生活支援体制の整備：「支え合うあたたかな地域づくり」，⑤利用者保護と信頼できる介護サービスの育成：「安心して選べるサービスづくり」，⑥高齢者の保健福祉を支える社会的基礎の確立：「保健福祉を支える基礎づくり」である。これにより，高齢者保健福祉施策のいっそうの充実が図られたのである。

（5）家族介護から介護の社会化へ

　こうして高齢者施策が整いはじめ，これまでわが国で一般的だった，介護は家庭で行うといった暗黙の理解が変わりつつあった。そしてこれらの制度を踏まえて，整備が進められ，高齢者福祉の柱は介護保険制度へと向かっていった

のである。

　つまり，家庭内に任せてきた介護は，様々な高齢者の暮らし方に照らしても限界が見えはじめたことにより，新たな社会的課題として認知されるようになった。そこで，それらの課題を解決するために，高齢者の介護を社会全体で担う仕組みとしての制度づくりが整備されたのである。

　介護保険の創設は，高齢者介護は家庭内で担われなければならないという認識から，社会全体で担っていく介護の社会化という意識へ，パラダイムシフトする契機でもあった。介護の社会化が進行することにより，家庭内の同居家族の働き方，子どもと同居していない要介護高齢者，子どものいない要介護高齢者の生活等に，様々な選択肢をもたらすことにつながったといえる。

　一方，介護の社会化には，家庭外で高齢者の介護を担う人材の確保，そして財源が必須となる。そのため，高齢者が介護を必要とする状態になった際，同居家族の有無等にかかわらず，安心して，必要な介護が受けられる社会の仕組みとしての介護保険は，介護を必要としていない様々な世代が社会全体で高齢者介護を支える仕組みとして導入されて以降，その重要性が日本全体に浸透していくことが求められていた。

2　介護を社会で担う介護保険制度の導入

（1）措置から契約となったことで何が変わったのか

　介護保険制度は利用者と事業所の契約によるサービス提供を基本としている。利用者と事業所の契約となることで何が変わったのかについて述べていく。

　「措置」とは，行政庁が社会福祉の法律に基づき行政処分によりサービスの提供や内容を決定することをいう。従来，サービスは，公的な責任において提供されるものとして，行政庁の責任と権限により提供されてきた。これは，公的な財政責任を明確にして，サービスの水準を確保するといった点では有益であったが，反対に，サービスの対象者は，自分でサービスを選択できず，利用の権限も法律上認められていないといった問題点があった。[7]

　そこで，**介護保険法**によって契約方式を用いることで高齢者自身が自分の使

用したいサービスを選択して契約することができるようになったのである。また，民間事業者などに対して，利用者が自らサービスの提供を依頼するといったことが可能になったことが特徴として挙げられる。

（2）介護保険制度の特徴

　介護保険制度の特徴は，社会保険方式を取り入れ，自立支援を促し，ケアマネジメント方式を取り入れているということである。介護保険法はその第1条に同法の目的として「その有する能力に応じ自立した日常生活を営むことができるよう」ということが記されている。同法では，自立支援とは，たとえ介護が必要になってもより自立度が高く，よりその人らしい生活を支援することを意味する。

　また同法の特徴のひとつとして挙げられるのがケアマネジメント方式である。介護保険におけるケアマネジメント方式は，「このような契約方式によるサービス利用については，利用者保護の観点から，（中略）高齢者や家族に対する専門的な立場からの支援体制の整備，ニーズの発見とそれを結びつける仕組み（中略）が求められる」としてケアマネジメントの立場を明確にしている。こうしたケアマネジメント方式が求められるようになった理由として，高齢者や家族にとって「サービスの認知度の問題」「公的サービス利用に対する意識の問題」や，行政側にとっては「申請主義の問題」や「縦割りの問題」が挙げられている。具体的には，被保険者が介護給付を受けようとする際は，保険者から認定を受け，その後に介護サービス計画（ケアプラン）を作成してサービスの利用をはじめることが原則とされている。

　介護保険は，利用者と事業所との契約により介護の提供が行われることは先に述べたが，第1号被保険者（65歳以上），第2号被保険者（40歳以上64歳以下）は保険者（市町村，特別区）へ保険料を支払い，要介護認定を受ける。その後被保険者は，各事業所よりサービスの提供を受けることになる。その際，被保険者はサービス提供事業者へ利用者負担額として1割から3割の費用を支払うといった流れになっている。

表 2-4　介護保険法改正の流れ

2005（平成17）年改正	介護予防の重視
	小規模多機能型居宅介護等の地域密着サービスの創設
	介護サービス情報の公表など
2008（平成20）年改正	介護サービス事業者の法令遵守等の業務管理体制整備，休止・廃止の事前届出制。休止・廃止時のサービス確保の義務化等
2011（平成23）年改正	地域包括ケアの推進
	24時間対応の定期巡回・随時対応サービスや複合型サービスの創設
	介護予防・日常生活支援総合事業の創設
	医療的ケアの制度化。介護職員によるたんの吸引等
2014（平成26）年改正	地域医療介護総合確保基金の創設
	地域包括ケアシステムの構築に向けた地域支援事業の充実
	全国一律の予防給付
	低所得の第 1 号保険者の保険料の軽減割合を拡大
	一定以上の所得のある利用者の自己負担引き上げ（ 1 割→ 2 割）
	特別養護老人ホームの入所者を中重度者に重点化
2017（平成29）年改正	全市町村が保険者機能を発揮し，自立支援・重度化防止に向けて取り組む仕組みの制度化
	「日常的な医学管理」「看取り・ターミナル」等の機能と「生活施設」としての機能を兼ね備えた介護医療院の創設
	特に所得の高い層の利用者負担割合の見直し（ 2 割→ 3 割）
	介護給付金への総報酬割の導入等
2020（令和 2 ）年改正	地域住民の複雑化・複合化した支援ニーズに対応する市町村の包括的な支援体制の構築の支援
	医療・介護のデータ基盤の整備の推進

出所：厚生労働省老健局（2021）「介護保険制度の概要」より筆者作成。

（3）介護保険法の改正からみる方向性

　介護保険は，通常 3 年ごとに見直しが行われることになっている。現在（2022（令和 4 ）年）までの介護保険改正についてみていく。

　2005（平成17）年の介護保険法の改正では，「介護予防の重視」が示された。予防重視へのシステム転換に伴い，要介護者のみならず，要支援者に対する予

防給付が新しく創設された。その後2011（平成23）年の改正に伴い，地域包括ケアの推進を目指した法改正が決められた。高齢者が住み慣れた地域で自立した生活を送れるように医療や介護といった生活支援サービスを途切れなく提供できるような地域包括ケアの必要性が語られるようになったのである。

　今後団塊の世代が後期高齢者の75歳以上になる2025年からは，さらに介護へのニーズが加速することが予測される。2020（令和2）年の法改正にもあるが，地域での生活を安心して送ることができるような地域の特性の理解や，地域の支援ニーズの把握や支援体制の確保などを徐々に行わなければならないということが明らかである。

（4）介護保険制度と障害者総合支援法との関係性

　障害者が高齢になり，介護保険サービスが必要になった場合には，介護保険サービスを利用することができる。障害福祉サービスの支給決定を受けているものが，65歳以上の場合と，40歳以上65歳未満で国の指定する16種類の特定疾病による場合のみ利用できることになっている。利用に関しては，介護保険には相当するものがない障害福祉サービス固有のもの（同行援護，行動援護，自立訓練，就労移行支援，就労継続支援等）に関しては障害者の日常生活及び社会生活を総合的に支援するための法律（障害者総合支援法）に基づいて障害福祉サービスを支給することとなっている。また，介護保険法による要介護認定で非該当の場合は，障害福祉サービスを提供することになる。さらに，利用可能な介護保険サービスの事業所または施設が身近にない，もしくは利用定員に空きがない場合などは，提供可能な障害サービスが提供されることになる。

　なお，障害者総合支援法のサービス利用負担は原則として介護保険同様の1割負担であるが，市町村の支給決定によって支給決定基準が異なるため，介護保険法に比べると地域による差が大きいといえる。

注

(1)　岡本多喜子（1993）『老人福祉法の制定』誠信書房。

(2)　小笠原祐次・橋本泰子・浅野仁編（2002）『高齢者福祉（新版）』有斐閣。

(3)　(1)と同じ。

(4)　渋谷光美（2014）『家庭奉仕員・ホームヘルパーの現代史——社会福祉サービスとしての在宅介護労働の変遷』生活書院。

(5)　(1)と同じ。

(6)　内閣府（2021）『令和 3 年版高齢社会白書（全体版）』（https://www8.cao.go.jp/kourei/whitepaper/w-2021/zenbun/03pdf_index.html　2022年 6 月 1 日閲覧）。

(7)　直井道子・中野いく子編（2010）『よくわかる高齢者福祉』ミネルヴァ書房。

(8)　介護保険制度史研究会編著『介護保険制度史——基本構想から法施行まで（新装版）』東洋経済新報社。

(9)　白澤政和（1999）「介護保険の概要と課題——ケアマネジメントと関連させて」『大阪市立大学経済学会経済学雑誌』99(5・6)，63〜78頁。

学習課題

①　家族での介護が困難になった要因のひとつである家族形態の変化について調べてみよう。

②　介護の歴史的変遷を踏まえて，今後日本においては，いっそうの高齢化・少子化が進行するなか，どのような介護に関する具体的対策が強化される必要があるか，あなたの考えを述べてみよう。

キーワード一覧表

☐ **老人福祉法**　1963（昭和38）年制定の老人福祉法は，「この法律は，老人の福祉に関する原理を明らかにするとともに，老人に対し，その心身の健康の保持及び生活の安定のために必要な措置を講じ，もつて老人の福祉を図ることを目的とする」とその目的を定めている。 18

☐ **高齢者の医療の確保に関する法律（高齢者医療確保法）**　2008（平成20）年度より「老人保健法」が改正され名称変更となった。老人保健法で実施されていた医療制度は，「後期高齢者医療制度」に引き継がれた。また保険事業については，特定健康診査及び特定保健指導と「健康増進法」のもとで行われる健康増進事業はこの法律により位置づけられた。 20

☐ **高齢者保健福祉推進10か年戦略（ゴールドプラン）**　1989（平成元）年に策定。①市町村における在宅福祉対策の緊急整備，②「寝たきり老人ゼロ作戦」の展開，③在宅福祉等充実のための「長寿社会福祉基金」の設置，④施設の緊急整備，⑤高齢者の生きがい対策の推進，⑥長寿科学研究推進10か年事業，⑦高齢者のための総合的な福祉施設の整備が盛り込まれ，施設福祉，在宅福祉の10年間の数値目標が示された。 22

☐ **新・高齢者保健福祉推進10か年戦略（新ゴールドプラン）**　1999（平成11）年の介護保険法の成立に向けて，公的介護システムの創設を視野に入れた基本理念や施策目標が明らかにされた。具体的には，①介護サービス基盤の整備：「いつでもどこでも介護サービス」，②痴呆性高齢者支援対策の推進：「高齢者が尊厳を保ちながら暮らせる社会づくり」，③元気高齢者づくり対策の推進：「ヤング・オールド作戦」の推進，④地域生活支援体制の整備：「支え合うあたたかな地域づくり」，⑤利用者保護と信頼できる介護サービスの育成：「安心して選べるサービスづくり」，⑥高齢者の保健福祉を支える社会的基礎の確立：「保健福祉を支える基礎づくり」である。これにより，高齢者保健福祉施策のいっそうの充実が図られたのである。 22

☐ **介護保険法**　介護を社会全体で支えるために，「医療保険」「年金保険」「雇用保険」「労働災害補償保険」に続く5つめの社会保険として制度化されたもの。 23

第3章

介護を担う人材とその国際化

　ソーシャルワーカーは，利用者の生活状況等を把握するため，様々な情報を収集・分析することによって，利用者のニーズを明らかにする。利用者のニーズが把握できれば，利用者の意向を丁寧に確認しながら，目標を設定し，その達成に向けて，具体的な計画を立案することが求められる。利用者は，現段階ですでに，日常生活上の何らかの困難を抱え，他者の援助を必要としている。なかでも，日頃から介護サービスを必要としているケースが少なくなく，ソーシャルワーカーと介護人材の連携は，実践現場において不可欠といえる。現在，日本の介護人材においては，日本人だけでなく，ベトナム人，インドネシア人等，国籍の多様化が進んでおり，よりグローバルな視点が必要となっている。

1　介護人材とは

（1）ソーシャルワーカーと介護人材

　ソーシャルワーカーは，介護老人福祉施設，障害者支援施設，地域包括支援センター，社会福祉協議会，病院等，様々なフィールドで活躍している。それらの実践では，日常生活上の困難を抱える利用者の生活の質の向上を目指して，ソーシャルワークを展開することになる。

　ソーシャルワーカーは，利用者とその環境の接点に介入し，利用者と様々なサービスや社会資源等をつなげ，利用者の課題解決を目指していく。その際，利用者は，日々の生活において，介護サービスを必要としているケースも少なくなく，それらを提供する介護人材に対する知識が，ソーシャルワーカーには

求められる。

（2）介護人材の定義

　介護人材とは，広義には，直接介護を行う「介護職員（施設）」「訪問介護員
（ホームヘルパー）」，介護サービスに必要なケアプラン（介護サービス計画書）の
作成を行う「介護支援専門員（ケアマネジャー）」，介護事業所における人事や
管理等のマネジメント等の間接業務を行う者が存在する。

　狭義には，広義での内容に加えて，居宅介護等従業者について，たとえば，
障害者の日常生活及び社会生活を総合的に支援するための法律（障害者総合支
援法）の観点から，重度の肢体不自由者その他の障害者であって常時介護を要
するものに対して，居宅等で入浴，排せつまたは食事の介護その他の便宜およ
び外出時における移動中の介護を総合的に供与する重度訪問介護従業者，視覚
障害により移動に著しい困難を有する障害者等の外出時に同行し，移動に必要
な情報を提供するとともに，移動の援護等を供与する同行援護従業者，障害者
等が円滑に外出することができるよう，障害者等の移動を支援する移動支援従
業者等の様々な人材が存在する。なお，都道府県等は，各従業者に必要となる
知識および技術を有する介護人材の養成を図ることを目的として，養成研修を
行っている。このように，介護人材については，狭義な視点でより細かく捉え
るのか，広義に全体の概略を捉えるのかによってその定義が異なる。

　本章では，介護人材を，直接介護を行う「介護職員（施設）」「訪問介護員」
とする。

2　介護人材における知識や技術の基盤

（1）介護人材に専門的知識・技術が必要となる背景

　介護老人福祉施設等の社会福祉施設においては，「介護職員（施設）」が介護
サービスを提供している。2020（令和2）年10月1日現在で，厚生労働省によ
ると[1]，通所系施設（通所介護・地域密着型通所介護・通所リハビリテーション）の介
護職員数は37万6534人，入所系施設（介護保険施設）の介護職員数は43万8983

人，その他の短期入所生活介護・特定施設入居者生活介護・認知症対応型共同生活介護の介護職員数は53万1400人，訪問介護員（訪問介護・訪問入浴介護）の数は51万5369人となっている。それぞれの施設等の職種別従事者数において，介護職員，訪問介護員が占める割合は大きい。

介護人材が提供する介護の内容には，食事介助・入浴介助・排せつ介助のいわゆる三大介護だけにとどまらず，医療的ケアも含まれている。そのため，介護サービスの提供には，介護の専門的知識や技術の裏づけが必要になっている。

（2）介護人材の専門的知識・技術の裏づけ

介護の専門的知識や技術を持っていることを客観的に示すひとつの方法として，資格制度がある。まず，**介護福祉士**国家資格は，1987（昭和62）年に成立した社会福祉士及び介護福祉士法により誕生した。同法第２条第２項によると，介護福祉士とは，「介護福祉士の名称を用いて，専門的知識及び技術をもつて，身体上又は精神上の障害があることにより日常生活を営むのに支障がある者につき心身の状況に応じた介護（喀痰吸引その他のその者が日常生活を営むのに必要な行為であつて，医師の指示の下に行われるもの（中略）を含む。）を行い，並びにその者及びその介護者に対して介護に関する指導を行うこと（中略）を業とする者」をいう。なお，介護福祉士の登録者数は，2021（令和３）年度で181万9097人となっている。

介護福祉士は，介護に関する唯一の国家資格であるが，介護は介護福祉士資格の有無にかかわらず，提供することが可能である。たとえば，2020（令和２）年10月１日現在の介護老人福祉施設の介護職員数29万2875人のうち，介護福祉士数は17万3972人であり，約41％が介護福祉士を取得せず，介護サービスを提供している。一方，介護に関する資格は，国家資格だけではない。介護に関する国家資格以外の資格には，主なものとして，養成研修の修了者（介護職員初任者研修修了者・実務者研修修了者）がある。

介護職員初任者研修は，都道府県または都道府県知事の指定した者を実施主体とし，対象者は訪問介護事業に従事しようとする者もしくは在宅・施設を問わず介護の業務に従事しようとする者とし，研修時間数は合計130時間となっ

ている。研修の目的は，介護に携わる者が，業務を遂行するうえで最低限の知識・技術とそれを実践する際の考え方のプロセスを身につけ，基本的な介護業務を行うことができるようにすることとなっている。

　次に，**実務者研修**は，幅広い利用者に対する基本的な介護提供能力の修得を目的とし，研修時間数は合計450時間となっている。なお，実務者研修は，介護福祉士の受験要件のひとつであり，介護職員としてのキャリアアップにもつながる資格となっている。

　一方，介護職員や訪問介護員においては，介護福祉士国家資格やその他の介護に関する資格の取得が，質の高い介護サービスに単純に直結するわけではない。あくまで，それらの資格は，質の高い介護を提供するための土台であり，それらの資格に裏づけられた知識や技術を，いかにして利用者本位の視点で駆使できるかが問われている。その際，介護人材においては，誰がそれらの専門的知識や技術をもとに介護サービスを提供するのかという，その人の人間性や価値観が大きく問われる。つまり，介護サービスの提供においては，介護人材の高い専門的知識・技術力と人間力が表裏一体の関係にあり，それらの両方が強く求められている。そのため，介護人材においては，専門的知識や技術を高めていくための自己研鑽，そして，自身の人間力を高めるための自己研鑽が常に求められている。

　介護人材においては，自身が提供する介護サービスの質が，利用者の生活の質へダイレクトに影響する特徴があることを常に意識する必要がある。特に，介護サービスの利用者は，認知症や知的障害等を背景に，意思確認が困難なケースもある。介護人材には，一方的なサービスの提供とならないよう，常に，利用者本位，自立支援の視点を意識したうえで，高い倫理観に基づく行動をとることが求められている。

　現在，日本の高齢化率は，諸外国と比較し極めて高い。将来，日本においては，高齢化率が40％弱になることが予測されている状況下，世界のどの国も経験したことのない超高齢社会にどのように対応していくか，その動向が，世界中から注目を集めている。特に，高齢化だけでなく，人口減少が進み，労働力人口も減少するなか，要介護者に対する日本の介護のあり方が問われている。

グローバルな視点において，日本は，経済面等でその存在感をアピールすることが困難といえる状況下，ある意味，世界最先端の日本式介護のあり方を，積極的に情報発信していくことに価値があると考えられる。

3　介護人材の国際化

（1）介護人材の国際化が求められる背景

　現在，日本における介護老人福祉施設等の介護人材においては，介護福祉士等の資格の有無だけでなく，一般の高校を卒業後に就職したケース，介護の専門学校等の養成校を卒業し就職したケース，他の業界からはじめて就職したケース，他の施設から転職してきたケースなど，様々な背景がある。また，介護人材においては，日本人はもちろんのこと，海外の様々な国から，日本の制度を利用して来日した人が介護老人福祉施設等で介護の役割を担い，すでに国際化している状況にある。一方，日本における高齢化率が低い状態であれば，介護人材の国際化は現在のように進んでいなかったと考えられる。高齢化の進展は，生まれてくる子どもの数が少なくなる状況において，高齢者の数が増加することが背景にある。高齢社会においては，①他者の援助を必要としない高齢者，②他者の介護を必要とする高齢者という 2 つの側面で人数の増加がある。2000（平成12）年に施行された40歳以上の被保険者を対象とした社会保険方式の介護保険制度により，介護サービスの利用が，措置制度時代に比べ，より一般化された。実際，介護サービスの受給者は，2000（平成12）年度には184万人であったが，2019（令和元）年度は567万人[4]と，20年の間に約 3 倍に増加した。

　介護サービスの受給者の増加は，それに対応する介護人材の増加を意味する。一方，介護労働安定センターの2020（令和 2）年度の調査結果によると，全国の介護事業所は，介護人材の不足感について，訪問介護員の不足感を81.2％，介護職員の不足感を66.2％[5]が認識している状況にある。つまり，現段階で介護サービスを提供している介護老人福祉施設等で，人材不足が生じている。さらに，経済産業省によると，2035年に介護人材の不足が最大79万人[6]となることが推測されている（図 3-1）。

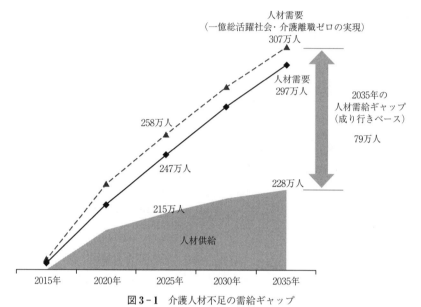

図3-1　介護人材不足の需給ギャップ

注：人材需要の推計は，経済産業省の推計であり，厚生労働省「2025年に向けた介護人材にかかる需給推計（確定値）について」の需要見込みの推計結果と異なる。
出所：経済産業省（2018）「将来の介護需給に対する高齢者ケアシステムに関する研究会報告書」16頁。

　介護人材不足を解消するためには，主に，①現職の介護人材の離職防止，②新規の介護人材の獲得，③介護ロボットの導入の3点が考えられる。

　特に，介護人材の離職に関しては，勤続1年未満の者が多くを占めていることが特徴となっている。筆者は，これまでの調査研究において，介護人材に対する教育・研修と離職率の関連性，上司のリーダーシップやコミュニケーションスキルと介護人材の就労継続意識の関連性を特定してきたが，今後いっそうの離職防止システムを整備していくことが求められている。

　次に，新規の介護人材の獲得に関しては，国において，介護職の魅力向上に取り組んでいる[7]。筆者の研究においても，現職の介護人材50人に対するインタビュー調査の結果，介護職の魅力の構成要因として「日々の学びの豊富さと利用者の言葉から感じる喜び」等を特定してきた[8]。一方で，筆者が若者世代が認識する介護人材へのイメージ分析を行った研究の結果では，「夜勤を含めた過酷な長時間労働」[9]等が抽出された。介護人材の新規獲得は，一筋縄にはいかな

い状況にある。

　また，介護ロボットの開発が進められ，実際に介護老人福祉施設等で活用されているケースも少なくない。ロボットは，①情報を感知し（センサー系），②判断し（知能・制御系），③動作する（駆動系）という３つの要素技術を有する知能化した機械システムであり，利用者の自立支援や介護者の負担の軽減に役立つ介護機器が介護ロボットと呼ばれている。実際の介護現場では，主に，移乗支援，移動支援，排せつ支援，認知症高齢者の見守りに関する介護ロボットが導入されている。しかし，介護の場面においては，どうしてもロボットではなく，人間による介護が求められる場面も少なくない。

（２）介護人材の国際化に関する各種制度

　介護人材の新規獲得は現在，困難な状況にあり，これまでの取り組み方法とは異なる方法で，介護を担う人材を確保する必要がある。そのためのひとつの方法として，外国人介護人材の活用がある。現在，国においては，介護人材確保対策のひとつとして，外国人材の受け入れ環境整備に取り組んでいる。日本における外国人介護人材の受け入れの仕組みとして，①EPA（経済連携協定），②在留資格「介護」，③技能実習，④特定技能（１号）の４つの制度がある。

　まず，EPA（経済連携協定：Economic Partnership Agreement）は，2008（平成20）年７月から，日本と各国（インドネシア・フィリピン・ベトナム）との二国間の経済連携の強化を趣旨とし，介護福祉士候補者として入国し，就学コースでは介護福祉士養成施設で２年以上，就労コースは介護施設等で就労・研修を３年以上経て，いずれも介護福祉士国家試験を受験し，合格後登録することにより，介護福祉士として業務に従事することができる。

　在留資格「介護」は，2017（平成29）年９月から，専門的・技術的分野の外国人の受け入れを趣旨として，養成施設ルートでは，外国人留学生として入国し介護福祉士養成施設で２年以上，実務経験ルートでは，技能実習生等で入国し介護施設等で就労・研修を３年以上経て，いずれも介護福祉士国家試験を受験し，合格後登録することにより，介護福祉士として業務に従事することができる。

　次に，**技能実習**は，2017（平成29）年11月から，日本から帰国後の本国への技能移転を趣旨とし，介護施設等の実習実施者の下で最大５年間の実習を経て，実習の各段階での技能評価試験（入国１年後・３年後・５年後）を受験し，帰国するという流れの制度である。

　最後に，**特定技能**（１号）は，2019（平成31）年４月から，日本の人手不足対応のための一定の専門性・技能を有する外国人の受け入れを趣旨とし，技能水準・日本語能力水準を試験等で確認し入国し，介護施設等で通算５年間就労し，帰国する形式である。

　以上の４つの制度を活用し，介護老人福祉施設等の介護現場では，様々な外国人介護人材が活躍している状況にある。筆者のこれまでの調査研究においても，都心，過疎地等の施設の所在地にかかわらず，外国人介護人材がいなければ，安定的な介護サービスの提供が困難なケースも少なくないことが明らかになっている。一方で，外国人介護人材は，母国を離れ，日本の介護現場で，様々な不安を感じながら，介護サービスを提供している。筆者が行った外国人技能実習生に対するインタビュー調査においては，各施設における職場内教育の課題，日本における生活上の課題等が明らかになっている。そのため，日本の介護老人福祉施設等の介護現場においては，介護人材不足解決の一時しのぎとして，外国人介護人材を活用するのではなく，受け入れ体制，教育・研修体制のシステムを整備しておかなければならない。

　日本においては，人口減社会の状況下，日本だけでなく，よりグローバルな視点で，介護人材の獲得を目指し，未曾有の高齢社会に対応し得る質の高い安定的な介護サービスを，利用者本位の視点を忘れず，追求していくことが重要である。

　ソーシャルワーカーは，利用者が望む生活の実現に向けて，介護人材との連携は欠かすことができず，様々な国籍の人材との介護現場での連携を強化しながら，ソーシャルワークを展開していくことが求められている。

＊本章の内容は，JSPS 科研費21K02014を受けたものの一部である。

注

(1)　厚生労働省「令和２年介護サービス施設・事業所調査の概況」（https://www. mhlw.go.jp/toukei/saikin/hw/kaigo/service20/index.html　2022年５月19日閲覧）。

(2)　社会福祉振興・試験センター「資格登録（社会福祉士・介護福祉士・精神保健福祉士）」（http://www.sssc.or.jp/touroku/tourokusya.html　2022年５月19日閲覧）。

(3)　(1)と同じ。

(4)　厚生労働省「令和元年度　介護保険事業状況報告（年報）のポイント」（https://www.mhlw.go.jp/topics/kaigo/osirase/jigyo/19/dl/r01_point.pdf　2022年５月21日閲覧）。

(5)　介護労働安定センター「令和２年度『介護労働実態調査』結果の概要について」（http://www.kaigo-center.or.jp/report/pdf/2021r01_chousa_kekka_gaiyou_0823.pdf　2022年５月23日閲覧）。

(6)　経済産業省「将来の介護需給に対する高齢者ケアシステムに関する研究会報告書」（https://www.meti.go.jp/meti_lib/report/H29FY/000289.pdf　2022年５月23日閲覧）。

(7)　厚生労働省「第８期介護保険事業計画に基づく介護職員の必要数について（令和３年７月９日）」（https://www.mhlw.go.jp/stf/houdou/0000207323_00005.html　2022年５月24日閲覧）。

(8)　田中康雄（2019）「離島地域における介護職の魅力の構成要因の分析——介護職50人へのインタビュー調査をもとに」『人間関係学研究』24（1），13～24頁。

(9)　田中康雄（2018）「若者層における介護職に対するイメージの構成要因の基礎的分析」『介護福祉研究』25（1），1～5頁。

(10)　厚生労働省「介護ロボットの開発・普及の促進——介護ロボットとは」（https://www.mhlw.go.jp/file/06-Seisakujouhou-12300000-Roukenkyoku/0000210895.pdf　2022年５月24日閲覧）。

(11)　厚生労働省「介護分野における特定技能外国人の受入れについて——参考３：外国人介護人材の受入れ（EPA，技能実習，在留資格「介護」，特定技能）」（https://www.mhlw.go.jp/content/12000000/000656925.pdf　2022年５月24日閲覧）。

学習課題

①　介護老人福祉施設等において，どのような国の外国人介護人材が活躍しているのか，調べてみよう。

②　日本における介護人材不足を解決するための方法として，どのような具体的内容が考えられるか，あなたの考えを述べてみよう。

キーワード一覧表

☐ **介護人材**　広義に捉えると，直接介護を行う「介護職員（施設）」「訪問介護員
（ホームヘルパー）」のことをいう。　　　　　　　　　　　　　　　　30

☐ **介護福祉士**　介護に関する国家資格であり，1987（昭和62）年に社会福祉士及
び介護福祉士法により誕生した。専門的知識および技術をもって，身体上ま
たは精神上の障害があることにより日常生活を営むのに支障がある者に対し
て，心身の状況に応じた介護等を行う。　　　　　　　　　　　　　　31

☐ **介護職員初任者研修**　対象者は訪問介護事業に従事しようとする者もしくは在
宅・施設を問わず介護の業務に従事しようとする者とし，研修の目的は，業
務を遂行するうえで最低限の知識・技術とそれを実践する際の考え方のプロ
セスを身につけ，基本的な介護業務を行うことができるようにすることであ
る。　　　　　　　　　　　　　　　　　　　　　　　　　　　　　31

☐ **実務者研修**　幅広い利用者に対する基本的な介護提供能力の修得を目的として
いる。介護福祉士の受験要件のひとつであり，介護職員としてのキャリア
アップにもつながる資格となっている。　　　　　　　　　　　　　32

☐ **EPA**　経済連携協定（Economic Partnership Agreement）。日本と各国（イン
ドネシア・フィリピン・ベトナム）との二国間の経済連携の強化を趣旨とし
ている。　　　　　　　　　　　　　　　　　　　　　　　　　　　35

☐ **在留資格「介護」**　専門的・技術的分野の外国人の受け入れを趣旨とした外国
人介護人材受け入れの仕組みである。　　　　　　　　　　　　　　35

☐ **技能実習**　日本から帰国後の本国への技能移転を趣旨とした外国人介護人材の
仕組みである。　　　　　　　　　　　　　　　　　　　　　　　　36

☐ **特定技能**　日本の人手不足対応のための，一定の専門性・技能を有する外国人
の受け入れを趣旨とした外国人介護人材確保の仕組みのひとつである。　36

第Ⅱ部

介護の概念に関する体系的理解

第 4 章

介護の理念と専門性

　介護について，みなさんはどのようなイメージを持っているだろうか。「高齢者や障害者など介護が必要な人の身の回りのお世話やお手伝いをすること」と思っている人が多いのではないだろうか。もちろん，入浴や排せつ，食事の介助などは介護に含まれる。しかし，それだけではない。介護を行う際には「その人らしい生活をいかに支援していくのか」が重要になる。本章では「介護とは何か」と，介護福祉士の「専門性」について理解を深める。

1　介護の理念

（1）介護とは

　まず，介護とは何かについて考えてみよう。「介護」という言葉は，1963（昭和38）年に制定された老人福祉法の条文に登場する。老人福祉法では，高齢者の福祉施策のひとつとして，特別養護老人ホームが規定され，そこで働く寮母の職務を看護と区別するために，寮母が行う日常生活上の世話を「介護」と明記した。これは家庭内で行われてきた身内による障害者や高齢者への世話を，家族以外の者が業務として行うことを公に認めたことになり，家族介護から「介護の社会化」への転換点となった。「介護」という言葉は，老人福祉法で使用されて以降，1970〜1980年代の施設サービス，在宅サービスの整備拡充とともに，世間に広く知られるようになった（介護の歴史については第2章を参照）。今日，介護は「高齢者・病人などを介抱し，日常生活を助けること[1]」と考えられており，家族，ボランティア，資格を持たない介護職員などが行う日常の生

活支援を包括した言葉として一般的には使用されている。一方で，介護の専門家である介護福祉士の実践が社会のなかに蓄積され，その行為に一定の評価がもたらされている。

　では，介護福祉士が実践する介護とはどのようなものだろう。1987（昭和62）年に制定された社会福祉士及び介護福祉士法の第2条第2項において介護福祉士は「入浴，排せつ，食事その他の介護」等を業とする者と規定され，介護の範囲はいわゆる三大介護に限定されていた。しかし，2007（平成19）年の法改定において「入浴，排せつ，食事その他の介護」の部分が「心身の状況に応じた介護」と改正され，これにより，介護福祉士には，身体介護に限らず介護を必要とする多様な対象者の精神的・身体的状況を理解したうえで専門的判断に基づいた生活全体の支援が求められるようになった。さらに，2011（平成23）年には，医師の指示の下に「喀痰吸引等」を行うことが可能になり，医療チームの一員であることが法制度上においても位置づけられた。こうした流れのなかで，介護は誰にでもできる仕事というイメージから脱却し，専門職としての地位を確立してきた。つまり，**介護福祉士が実践する介護**とは「介護を必要とする人の日常生活行為を成立させるための援助行為であり，専門的知識と技術に裏付けられた実践行為」[2]といえる。

（2）介護の対象

　介護の対象は社会福祉士及び介護福祉士法の第2条第2項において，「身体上又は精神上の障害があることにより日常生活を営むのに支障がある者」と規定され，これらに該当する高齢者，障害者・児が対象になる。具体的には，介護保険制度において要介護者・要支援者と認定された者，また，身体障害者，知的障害者，精神障害者，発達障害者，難病患者等である。さらに，その家族などの介護者も対象とし，相談や支援の要請を受ければ，家庭介護の方法や福祉用具の使用方法などについて指導や助言を行う。

（3）介護にかかわる理念

　理念とは広辞苑によると「事業・計画などの根底にあるもの，根本的な考え

1．尊厳と自立を支えるケアを実践する
2．専門職として自律的に介護過程の展開ができる
3．身体的な支援だけでなく，心理的・社会的支援も展開できる
4．介護ニーズの複雑化・多様化・高度化に対応し，本人や家族等のエンパワメントを重視した支援ができる
5．QOL（生活の質）の維持・向上の視点を持って，介護予防からリハビリテーション，看取りまで，対象者の状態の変化に対応できる
6．地域の中で，施設・住宅にかかわらず，本人が望む生活を支えることができる
7．関連領域の基本的なことを理解し，多職種協働によるチームケアを実践する
8．本人や家族，チームに対するコミュニケーションや，的確な記録・記述ができる
9．制度を理解しつつ，地域や社会のニーズに対応できる
10．介護職の中で中核的な役割を担う

高い倫理性の保持

図4-1　求められる介護福祉士像

出所：厚生労働省（2018）「『介護福祉士養成課程における教育内容の見直し』検討のまとめ（参考資料）介護福祉士養成課程のカリキュラム（案）」1頁。

方(3)」と説明されており，普遍的な価値を意味するものである。たとえば，経営理念や企業理念は，「会社組織は何のために，どのような目的で存在するのか」を明示し，そこで働く人の基本的な行動指針として用いられる。介護も単なる行為ではなく，「その人らしい生活を支援する」という目的を持つ行為であり，介護のあるべき方向性を示す理念がある。

　では，介護の理念とは何か。介護の理念に影響を与えた重要な概念にノーマライゼーションがある。今日では，ノーマライゼーションの理念に基づいた取り組みが行われ，その考え方は介護・福祉の領域に広く浸透している。社会福祉士及び介護福祉士法には，介護福祉士の誠実義務として，「個人の尊厳の保持」と「自立支援」が明記されている。厚生労働省が公表した「求められる介護福祉士像」（図4-1）にも「尊厳と自立を支えるケアを実践する」ことが含まれており，さらに，介護福祉士養成課程において身につけておくべき基本能力として「尊厳を保持し，自立を支援する」ことが挙げられた。つまり，すべての人を人間として尊重する「尊厳の保持」と，支援の対象となる人が生活のあり方を主体的に決め，自ら暮らしを営むことができる「自立」は，介護の根幹をなす重要な考え方であり「介護の理念」に相当するものである。

①　ノーマライゼーションの考え方

　ノーマライゼーションの理念は，1950年代にデンマークのバンク＝ミケルセン（N.E. Bank-Mikkelsen）によって提唱された。バンク＝ミケルセンは，**ノーマライゼーション**という考え方によって，知的障害者福祉行政を一新する偉業を成し遂げた人物である。ノーマライゼーションとは，「障害のある人をノーマルにすることを目的としているのではなく，障害がある人たちに，障害のない人びとと同じ生活条件をつくりだすこと(5)」である。これは，生活環境や地域生活を可能な限り障害を持つ人々に適した形で整備し普通の生活を保障することを意味している。つまり，人種の違いや障害の状態に関係なく，すべての人間は平等であるという人間尊重の考え方に基づいている。

②　尊厳の保持

　個人の尊厳は，日本国憲法の三大原理の根底に置かれる理念である。日本国憲法の第11条には，次のことが定められている。「国民は，すべての基本的人権の享有を妨げられない。この憲法が国民に保障する基本的人権は，侵すことのできない永久の権利として，現在及び将来の国民に与へられる」。また，第13条には具体的な人権に関する規定として，「すべて国民は，個人として尊重される。生命，自由及び幸福追求に対する国民の権利については，公共の福祉に反しない限り，立法その他の国政の上で，最大の尊重を必要とする」ことが定められている。基本的人権とは人が人らしく生きる権利であり，すべての国民が生まれながらにして持っているものである。一番ケ瀬は「介護という仕事は人間の尊厳とプライドを最後まで，しかも日常的に生活面から保持するために不可欠な仕事であり，人権保障の最後の総仕上げを担う働きである(6)」と述べている。つまり，個人の**尊厳の保持**とは，高齢者や障害者をひとりの人間として，また基本的人権の主体者として，いかなる時も，その人格を尊重し守ることである。

③　自立支援

　自立とは，一般的には「他への従属から離れて独り立ちすること。他からの支配や助力を受けずに，存在すること」，すなわち他者に依存しない状態を指す。しかし，このような自立の概念を根本から見直すことになったのは，先に

述べたノーマライゼーションの思想や1960年代にアメリカではじまった障害者の**自立生活運動**（IL 運動）の影響である。その結果，**自立**とは「自己決定に基づく主体的生活，意思決定や日々の暮らしで他者への依存を最小限にしつつ，受け入れ可能な選択に基づいて，自分の生活を自分の意志で管理すること[7]」とされた。この自立には，自ら立てた規範をもとに行動をする**自律**の意味も含まれ，その人の持つ価値観や信念が影響する。たとえば，心身機能レベルが全介助の状態にある人でも，「これがやりたい」「ここへ行ってみたい」という本人の意志を尊重し，人的，物な支援を受けながら社会参加が達成されるならば，それは自立した生活といえる。介護福祉士が自立に向けた支援を行う場合，その人らしい生活をいかに支援していくのかが重要となる。その人らしさとは，利用者が，日々の生活において充足感や幸福感を持つことができ，「自分の望む生活を送っている」と実感できることである。それは言い換えれば，QOL（生活の質）を高めることになる。そのために，介護福祉士は，利用者が自己選択・自己決定できるよう自律の支援を心がけることが大切であり，それが重要な役割となる。また，介護福祉士にはその機会を奪わないという高い倫理観が求められ，自ら意思を決定することに困難を抱える人に対しては，様々な情報をもとに，「何を望んでいるか」「どのような生活を送りたいのか」を理解し，その人の視点に立って考え判断し，代弁していくことも必要になる。

2　介護の専門性

（1）介護の専門性とは

　介護の専門性は，介護福祉士が誕生して以降問われ続けてきたが，学問的に一致した見解に至っていない。近年は，慢性的な介護人材不足により，資格を持たない若者，中高年齢者層，また技能実習生など多様な人材が介護現場に参入し，あらためて介護の質に関心が向けられている。ここでは，介護の専門職としての国家資格である介護福祉士の教育に焦点をあて，介護の専門性について考えてみよう。

①　介護福祉士養成課程のカリキュラムに見る介護福祉士の専門性

厚生労働省の報告書「2025年に向けた介護人材の確保——量と質の好循環の確立に向けて[8]」において，介護人材の量的確保と質的確保の同時達成に向けた取り組みが打ち出され，そのなかで介護福祉士には，介護現場の中核を担う役割があることが明記された。これを受け「介護人材に求められる機能の明確化とキャリアパスの実現に向けて[9]」では，新たな「求められる介護福祉士像」（図4-1）が示され，その「求められる介護福祉士像」の実現に向け，2019（令和元）年度から介護福祉士養成課程の新しいカリキュラムがスタートした。

カリキュラムの見直しの目的は，介護福祉の専門職として，介護職のグループのなかで中核的な役割を果たし，認知症高齢者や高齢単身世帯等の増加などに伴う介護ニーズの複雑化・多様化・高度化に対応できる介護福祉士を養成することである。教育内容には次の5つの観点が盛り込まれた。(1)チームマネジメント能力を養うための教育内容の拡充，(2)対象者の生活を地域で支えるための実践力の向上，(3)介護過程の実践力の向上，(4)認知症ケアの実践力の向上，(5)介護と医療の連携を踏まえた実践力の向上である。介護福祉士が，(2)(3)(4)(5)の実践力を発揮できるよう，チーム運営をマネジメントするために必要な，リーダーシップやフォロワーシップに関する内容が新たに追加された。これらの観点は，介護福祉士に求められる役割であり専門性といえる。

②　介護過程の展開による根拠に基づいた介護実践

先に述べた5つの観点のなかで「(3)介護過程の実践力の向上」は重要な鍵を握る。その他4つの観点は，いずれも介護過程の実践に関連する（介護過程については第6章を参照）。

介護福祉士の養成カリキュラムは4領域に体系化されている（図4-2）。「介護」の領域では，「その人らしい生活」を支えるために必要な専門的知識・技術を学ぶ。介護過程の展開方法もこの領域で学ぶ。そして「介護」に必要なチームマネジメント力や地域共生社会の考え方，障害や疾病の基礎的知識などを「人間と社会」「こころとからだのしくみ」「医療的ケア」の領域で学ぶ。介護過程は，各領域での学びを統合し展開する。その際，利用者が身につけてきた社会的能力，そして生活史を通じて追い続けてきた尊厳のある生活の可能性

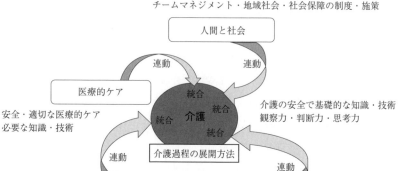

倫理観・コミュニケーション・判断力・人間性
チームマネジメント・地域社会・社会保障の制度・施策

人間と社会

連動　　　連動

医療的ケア

統合

統合

統合

介護

統合

介護の安全で基礎的な知識・技術
観察力・判断力・思考力

安全・適切な医療的ケア
必要な知識・技術

介護過程の展開方法

連動　　　　　　　　　　連動

こころとからだ
のしくみ

身体的・心理的・社会的側面を統合的に捉えるための知識
心身の機能及び関連する障害や疾病の基礎的な知識
心理・社会的な支援についての基礎的な知識

図4-2　介護福祉士養成教育の体系図（科目の領域の関係）

出所：日本介護福祉士養成施設協会（2021）「介護福祉士養成課程の教員の教育力向上に向けた研修
　　　研修概要及び科目別資料集」8頁の図（荏原順子作成）に一部筆者加筆。

をどう引き出すか，具現化していくかが問われる。つまり，介護過程を展開す
るには，専門的知識を組み合わせ，利用者のニーズ（課題），心身の状況に応
じた支援の方向性を導き出す思考力と判断力，加えてその考えを具現化する実
行力が備わっていなければならない。

　また，介護過程の展開は，根拠に基づいて行われる一連の介護実践といえる。
たとえば，高齢者がうまく食事をとれない原因は，障害による手指の拘縮，加
齢による咀嚼や嚥下機能の低下，義歯の痛み，あるいは食事の好みが合わない
など，障害や病気，年齢や心身の状態，価値観などによって異なる。すなわち，
利用者の数だけ食事介助の方法もあるということになる。だからこそ「この人
には，なぜこのような介護を行うのか」という根拠が重要になる。根拠を理解
していれば，みなが同じ方向を向いて介護を進めることができ，介護者の知識
や技術のばらつきを抑え，正確にしかも同一レベルの介護をチームとして行う
ことができる。つまり，「**根拠に基づいた介護実践**」とは，なぜこの支援方法
を用いるのか説明することができることで，標準化，個別化された介護実践を

指す。介護過程を展開する能力は，学習と実践を積み重ね修得される。介護福祉士が最も専門性を発揮することができ，介護福祉士以外の介護職と一線を画す能力といっても過言ではない。

（2）介護の倫理

次は，介護の倫理について考えてみる。倫理とは，人と人のかかわりにおいて守るべき道，善悪の判断において普遍的な基準となるもの，つまり社会生活を送るうえでの一般的な決まり事と捉えることができる。では，専門職の倫理とは何か。「専門職は高度な専門的知識や技術をもって社会の期待を受け，社会貢献し，人間の幸福に寄与するために存在する。専門職は国家資格として位置づけられていることが多く，その根拠となる法令によって，あるべき姿や禁止事項が定められている」。この行動規範を**専門職の倫理**という。

介護福祉士の倫理は「社会福祉士及び介護福祉士法」において義務規定として具体的に示されている（表4-1）。また，介護福祉士の職業倫理には日本介護福祉士会が1995（平成7）年に宣言した日本介護福祉士会倫理綱領（巻末資料参照）がある。「求められる介護福祉士像」においても「高い倫理性の保持」はすべての実践を支える基盤となっている。介護福祉士に専門的知識や技術があったとしても，**倫理的判断**がなければ，日々の生活において利用者の尊厳を守り，自立を支援することは難しい。ゆえに，介護福祉士は自己の介護を振り返り，自己研鑽することが必要である。

介護現場では多様な人材が多様な価値観を持ちながら働いている。倫理的判断のもとで介護を行うためには，職業倫理や専門性に関する学習を積み上げ個人の倫理観を高めるとともに，チームで利用者主体の介護になっているかを評価する仕組みを作ることも大切である。介護職として働く以上は介護福祉士の倫理基準を理解し，尊厳と自立を支える介護を心がけ行動することが必要になる。

表4-1　社会福祉士及び介護福祉士の義務規定

法における規定		条　文
誠実義務	第44条の2	社会福祉士及び介護福祉士は，その担当する者が個人の尊厳を保持し，自立した日常生活を営むことができるよう，常にその者の立場に立つて，誠実にその業務を行わなければならない。
信用失墜行為の禁止	第45条	社会福祉士又は介護福祉士は，社会福祉士又は介護福祉士の信用を傷つけるような行為をしてはならない。
秘密保持義務	第46条	社会福祉士又は介護福祉士は，正当な理由がなく，その業務に関して知り得た人の秘密を漏らしてはならない。社会福祉士又は介護福祉士でなくなつた後においても，同様とする。
連　携	第47条第2項	介護福祉士は，その業務を行うに当たつては，その担当する者に，認知症（介護保険法（平成九年法律第百二十三号）第五条の二第一項に規定する認知症をいう。）であること等の心身の状況その他の状況に応じて，福祉サービス等が総合的かつ適切に提供されるよう，福祉サービス関係者等との連携を保たなければならない。
資質向上の義務	第47条の2	社会福祉士又は介護福祉士は，社会福祉及び介護を取り巻く環境の変化による業務の内容の変化に適応するため，相談援助又は介護等に関する知識及び技能の向上に努めなければならない。

出所：西村洋子（2018）『介護の基本（第6版）』メヂカルフレンド社，252頁に一部筆者加筆。

注

(1)　新村出編（2008）『広辞苑（第6版）』岩波書店，457頁。

(2)　日本介護福祉学会事典編纂委員会編（2014）『介護福祉学事典』ミネルヴァ書房，4頁。

(3)　(1)と同じ，2950頁。

(4)　日本介護福祉士養成施設協会（2019）「介護福祉士養成課程における修得度評価基準の策定等に関する調査研究事業報告書」15頁。

(5)　花村春樹訳・著（1995）『「ノーマリゼーションの父」N. E. バンク＝ミケルセン──その生涯と思想』ミネルヴァ書房，167頁。

(6)　一番ケ瀬康子（2003）『介護福祉学の探究』有斐閣，25頁。

(7)　山縣文治・柏女霊峰編（2009）『社会福祉用語辞典（第7版）』ミネルヴァ書房，202頁。

(8)　厚生労働省社会保障審議会福祉部会福祉人材確保専門委員会（2015）「2025年に向けた介護人材の確保──量と質の好循環の確立に向けて」1頁および8頁。

(9)　厚生労働省社会保障審議会福祉部会福祉人材確保専門委員会（2017）「介護人材に求められる機能の明確化とキャリアパスの実現に向けて」10頁。

(10)　住居広士（2007）『介護保険における介護サービスの標準化と専門性』大学教育出版，36頁。

(11)　平川仁尚（2008）「高齢者介護施設における終末期ケアの標準化と個別化」『日本老年医学会雑誌』45(3)，343頁。

(12)　西村洋子（2018）『介護の基本（第6版）』メヂカルフレンド社，250頁。

参考文献

コモン計画研究所(2021)『根拠に基づく介護実践のヒント　介護過程実践事例集』。

学習課題

① 利用者の尊厳に配慮した介護実践とは，何に配慮することなのか考えてみよう。

② 介護者が自分の経験や勘だけで介護を行った場合，利用者にどのような不利益が生じるか考えてみよう。

キーワード一覧表

☐ **介護福祉士が実践する介護**　介護を必要とする人の日常生活行為を成立させるための援助行為であり，専門的知識と技術に裏づけられた実践行為。　41

☐ **その人らしい生活**　日々の生活において充足感や幸福感を持つことができ「自分の望む生活を送っている」と実感できる生活のこと。　42

☐ **ノーマライゼーション**　障害のある人をノーマルにすることを目的としているのではなく，障害がある人たちに，障害のない人々と同じ生活条件を作り出すこと。　43

☐ **尊厳の保持**　高齢者や障害者をひとりの人間として，また基本的人権の主体者として，いかなる時も，その人格を尊重し守ること。　43

☐ **自立生活運動（IL 運動）**　IL：Independent Living。重度の障害のある人たちが，社会のなかで，自らの意思を持って，主体的に生きる権利を確立し，社会の一員として参加することを実現する運動。　44

☐ **自立／自律**　自立とは，自己決定に基づく主体的生活，他者への依存を最小限にしつつ，受け入れ可能な選択に基づいて，自分の生活を自分の意志で管理すること。自律とは，自ら立てた規範をもとに行動をすることであり，その人の価値観や信念が反映される。　44

☐ **QOL（生活の質）**　QOL（Quality of Life）は，「生活の質」「人生の質」「生命の質」などと訳される。一般的な考え方は，生活者の満足感・安定感・幸福感を規定している様々な要因の質をいう。　44

☐ **根拠に基づいた介護実践**　なぜこの支援方法を用いるのか根拠に基づき説明することができ，標準化，個別化された介護実践のこと。　46

☐ **専門職の倫理**　その専門職の根拠となる法令によって定められている，専門職の行動規範。　47

☐ **倫理的判断**　どのようなことに配慮して行うことが倫理的であり，どのような場合に非倫理的となるのかを判断すること。また，与えられた状況のなかで最も適切な行動または態度を選ぶことができること。　47

第5章

介護の原則と方法

　介護とは，生活を支えることである。食事，入浴などといった生活行為を各々で捉えるのではなく，すべての介護行為が関連しているという立体的な捉え方が重要である。また，介護とは老いや障害などによって援助を必要とする人のすべてを援助することではない。そこには「尊厳の保持」「自立支援」「利用者主体」などという視点が重要となる。本章ではその視点を特に意識してほしい。さらに，その内容を踏まえて実践につなげることが「生活」を支えるうえで重要である。

1　介護の原則

（1）その人らしい「生活」

　介護の原則として，まずは人の「生活」を捉えることが重要である。さらに，考えなければならないのが，個人の尊厳である。介護を必要とする高齢者や障害者にはそれぞれの生活において「その人らしさ」というものがある。それは年齢，性別のみならず，価値観や習慣，これまで生活してきた環境などによって様々である。そもそも「生活」とは「生存して活動すること」とあるが，その「活動」とは援助者によって「活動させられる」のではなく，利用者が主体的に「活動する」という捉え方が重要である。たとえば，オムツ交換での状況を想定してみよう。援助者から挨拶や声かけ等をしても目は合っているが「返事がない」という状況だとしよう。援助者は，利用者と会話することなく，ただ黙々とオムツ交換を全介助で実施した。オムツの交換をしてもらい利用者自

身の清潔保持はでき「生存」しているかもしれないが，利用者にとってその援助者とのやりとりのない状況が利用者の「活動する」ことと捉えられるのかということを考える必要がある。高齢者でいえば，これまで介護を必要とせず仕事などをし，自立した主体的な「生活」を送れていた人が，障害や疾病などにより援助者の介護を必要とするようになる。介護が必要になるという状況に変わったとしても生活の主人公は援助者ではなく利用者なのである。また，「その人らしい」生活を実現するには利用者のニーズを把握したうえで実践する必要がある。そのことを実現するために援助者は介護過程の展開をする。介護過程の展開方法については第6章を参照されたい。

（2）自立支援の視点

　介護保険法の目的においても明示されているように，援助者は介護等を必要とする利用者が自立した日常生活を営むことができるように「**自立支援**」という視点を持ち，介護というサービスを提供する。たとえば，食事介助をする際，利用者が日頃声をかけても何も反応をしない人だった場合，「どのメニューから食べるのか」「食器は何を使用するのか」などといったことを聞かずして，援助者が独断で食べる順番と食器を決め，食事介助をすると，そこには利用者の主体性がなく，自立支援といえる状況ではない。そのことを継続すれば結果として利用者はできることもしなくなる可能性がある。援助者は利用者自身で選択してもらうように声かけをし，食事中は利用者にできることはしてもらい見守ることも食事場面における自立支援なのである。また，これは一例であり，食事以外の様々な生活場面においても関連した自立支援の視点が重要である。

（3）援助関係の形成

　介護を実践する際に重要なこととして援助関係の形成がある。まず，介護をする際に援助者は利用者との信頼関係を構築していくことが重要である。その方法としてバイスティック（F.P. Biestek）が示している「個別化」「意図的な感情表出」「統制された情緒的関与」「受容」「自己決定」「非審判的態度」「秘密保持」といったケースワークの原則[2]が参考になる。

（4）連携・協働

　援助者は多職種と連携・協働していかなければならない。それは，社会福祉士及び介護福祉士法の第47条「連携」にもあるように援助者ひとりでは生活支援は成立しない。そのことから，援助者は看護職や介護支援専門員，栄養士など様々な専門職との連携や協働をしていく必要がある。

　介護業務には食事介助，入浴介助，排せつ介助などといった内容に加え，「医療的ケア」も含まれているため，介護職と同じく利用者と常に直接かかわっている看護職との連携・協働は特に欠かせない。

　また，緊急時の対応として連携する場合もある。介護をしていると利用者の容態が悪化することがある。その場合，援助者が速やかに他職種と連携し対応しなければ手遅れになり，最悪の場合，死に至るケースもある。そのため，対応方法については事業所ごとにマニュアルを作成し，さらには，研修会などで実践を通して共有することが重要である。

2　専門的支援の基礎

（1）コミュニケーション

　介護をするうえで利用者とのコミュニケーションは欠かせないものである。コミュニケーションは話し手と聞き手がいる。話し手が様々な言葉を知っていたとしても聞き手が理解できる言葉で話ができていなければコミュニケーションは成り立たない。コミュニケーションというと代表的なものとして話し言葉，手紙などといった言語的コミュニケーションと表情やジェスチャー，声の抑揚などといった非言語的コミュニケーションがある。他にも点字や文字盤など様々なコミュニケーションツールもある。援助者はそれらの方法を利用者の状況に合わせて活用し，円滑なコミュニケーションを図ることが大切である。また，介護現場において感染症対策の一環で援助者は利用者とかかわる際に終始マスクを着用している場面がある。マスクはコミュニケーションを図るうえで，人の顔をほとんど隠してしまうことにより表情がわかりづらく，さらには会話の声がマスクなしと比べて通りづらいというデメリットもある。コミュニケー

ションとは話し手と聞き手のやりとりが成立することが前提であることから，コミュニケーションを図る際には方法に加え，援助者側のさらなる工夫や配慮が求められる。

（2）観 察

　観察とは，利用者の本当の姿を間違いなく理解しようとするためによりくわしく見ることである。ホールでの利用者の見守り業務について考えてみよう。そこでは立位，歩行のできる利用者がいすやソファーに座っており，数分おきに援助者に声をかけることなく立ち上がる。そこで援助者によっては利用者の言葉を聞かずして「もう少しでご飯が来ますので座っていてください」という場面がある。しかし，それは正しい対応といえるのか。見守りとは意図的な観察を前提として成り立つ。意図的な観察ができていれば，まずは利用者本人になぜ立ったのかについて尋ねるであろう。さらに，観察は現在の観察で得られた情報のみならず，過去の観察で得られた情報なども含めて解釈，関連づけをしていくことで生活全体を把握できる。生活全体を把握していると，たとえば毎日この時間帯にはトイレに行くという情報や，1時間前に「水分補給」をした事実から，立ち上がった理由は「トイレ」なのではないかということを推察するなどして，直接尋ね，対応ができるのである。

（3）安全面

　介護をするうえで考える必要があるのが，安全面への配慮である。転倒や転落などによる骨折といった危険と常に隣り合わせの状況である。そのため，援助者は常に利用者の安全を十分に確保しなければならない。その具体的な方法として，①ベッドや車いすのブレーキをかける，②床にこぼれた水は拭き取る，③居室や廊下に障害物を置かない，④トイレには暖房設備を設置するなどがあるので実践に入る前に確認するといったことが考えられる。また，利用者への**身体拘束**等にも気をつけなければならない。専門職同士で互いに介護方法について定期的に点検し合い，常に気をつけておく必要がある。また，委員会や研修会の開催を通して知識などを共有する機会を設けることも，安全を確保する

ためのひとつの方法である。

（4）記録と報告

　援助者はどの場面においても記録を残し，必要に応じて様々な専門職への報告を行う。なぜなら，ひとりの利用者に対して複数の援助者がかかわっているためである。記録の目的として，①情報共有，②援助の共通認識と統一化，③援助の評価，④援助に関する責任者の明確化などが挙げられる。当たり前のことであるが，社会福祉士及び介護福祉士法には「**信用失墜行為の禁止**」（第45条）や「**秘密保持義務**」（第46条）といった義務規定等が明記されている。たとえば，記録において援助をしていないのに援助したと記録していたり，関係ない部外者に記録を見せたり，記録の内容を話したりすることは義務規定の違反になるため，記録の取り扱いは十分に気をつける必要がある。

　援助者は利用者の援助をするだけですべてが完了するわけではない。その後必ず様々な専門職へ「報告」をする。気をつける点として，①報告方法，②報告のタイミング，③適切な報告相手，④報告相手に伝わっているかの確認などがある。

3　日常生活における身体的援助

（1）食事介助

　食事は，生命の維持や健康でいるために必要不可欠な行為である。さらに，食事というものは人間にとって「楽しみ」や「幸せ」を感じることのできる行為でもある。利用者自身が食事を通して「楽しみ」や「幸せ」を感じることができれば利用者の ADL（Activities of Daily Living）や IADL（Instrumental Activities of Daily Living）のみならず，QOL の向上にもつながる。しかしながら，厚生労働省の「令和 3 年（2021）人口動態統計月報年計の概況」によると，死因のなかに「誤嚥性肺炎」があり，全死因のなかで2020（令和 2 ）年の結果と変わらず 6 番目に多いとされている。また，死亡率については2020（令和 2 ）年の結果よりも増加している。そのことから，嚥下機能が低下している高齢者にとっ

表5-1　食事介助の留意点

① 楽しい雰囲気で食事ができるように配慮する。
② 食事前に手洗い・うがいをする。
③ 利用者のペースに合わせた十分な時間をとる。
④ 好みに応じた質のよい食事を用意する。
⑤ 基本的に食堂で食事をする（寝食分離：「寝る」と「食べる」を分ける）。
⑥ 誤嚥が少なくなるように配慮する。
　例）・咀嚼，嚥下状態の確認をする　　・とろみ剤を使用する
　　　・口腔内を水分で湿らせてから食事を提供する
　　　・食事形態の検討をする　　・食事中の姿勢の確認をする　　など
⑦ 食べ方などをよく観察する。
　例）・姿勢保持が可能か　　・視覚で食事を確認できるか
　　　・食器や箸などを持つことができるか　　・咀嚼，嚥下ができるか
　　　・口まで食事を自力で運べるか　　・義歯の使用状況
　　　・覚醒しているか　　・食べ物を認識しているか　　など
⑧ 脱水予防のため水分を十分にとる。
⑨ 食後に口腔を清潔にする。
⑩ ベッド上もしくはリクライニング車いす上での食事介助の場合，食事中はギャッチアップ
　し，頸部が前屈する姿勢で食事介助する。食後は逆流性食道炎等を防ぐために30分程度
　ギャッチアップしたままにする。その後，安楽な姿勢にする。

出所：澤田信子・西村洋子編著（2002）『介護概論』ミネルヴァ書房，115頁の内容を一部筆者改変。

て，食事には常に「誤嚥」だけにとどまらず「死」というリスクが潜んでいる。そういった「楽しみ」や「幸せ」の裏側には大きな危険が潜んでいることも援助者は常に理解し，対応できるようにしておかなければならない。食事介助の留意点に関しては表5-1の通りである。

（2）排せつ介助

　排せつとは，不要な物質や老廃物を体外へ排出することであり，介護現場において代表的なものとして，排尿，排便がある。排せつも食事と同様に生命維持や健康維持のために必要不可欠なものである。一方，排せつは恥ずかしいといった羞恥心を伴う行為でもある。そのため，排せつ介助をする際には羞恥心への配慮は欠かせない。排せつ介助には一般的にトイレへの誘導やオムツ交換などがある。

　排せつ介助はただそれらの介助をすることだけでなく，排せつの頻度や排せ

表5-2　排せつ介助の留意点

①　排せつ習慣や排せつ状況の把握。
例）・1日，1週間の排せつパターン　　・食事量と運動量との関係
・排せつ物の色，形状，量等　　・排せつ時に使用する道具や場所　など
②　排せつ障害の予防。
③　利用者への配慮。
例）・「失敗しないように」といった緊張感を与えない
・失敗してもゆとりを持ち対応する　　など
④　プライバシーへの配慮。
例）・便座に座ったら席を外す
・居室の排せつでは，スクリーンやカーテンを活用する
⑤　自力で排せつできるよう援助する（自立支援）。
⑥　利用者の手や陰部などの清潔に気をつける。
⑦　排せつ物と見える範囲の肌の観察をし，異常に気づいたら直ちに報告する。
⑧　気温の調整と換気に努める。
⑨　ベッド上で寝返りをうてない利用者のオムツ交換をする場合，オムツ交換後にオムツ交換前とは違う方向に体位変換を実施する（褥瘡予防）。

出所：表5-1と同じ，116〜117頁の内容を一部筆者改変。

つ物の観察も重要となる。排せつの頻度や排せつ物の色や形状，においなどを知ることで健康状態を知る手がかりとなるのである。排せつ介助の留意点に関しては表5-2の通りである。

（3）身だしなみと衣服の着脱介助

　身だしなみを整えることは人にとって様々な意義がある。たとえば，人は外出先に合わせて身だしなみを整えてから外出するのではないだろうか。それは，社会とのつながりを持つためであり，社会において他者と接することにより他者に対して不快感を与えないといったことにも注意して身だしなみを整えている。それは，利用者になっても同じである。たとえば特別養護老人ホームに入所している利用者であれば施設内はすべてプライベートゾーンかといわれるとそうではない。居室と違い食堂ホールは利用者全員が使用する場所，自宅で生活している人にとっての外食先に該当するのではないだろうか。そうなると，寝間着で食堂ホール（外食先）へ行くということはしないであろう。また，衣服を状況に応じて自分で選び，自分でできるところは自分でしながら着替える

表 5 - 3　着脱介助の留意点

①　スクリーン，バスタオルなどを使い，利用者の羞恥心や寒さへ配慮する。
②　できることを把握し，利用者が少しでも自分で行うようはたらきかける。
③　拘縮や筋肉の緊張が強い場合は急に動かさず，事前に少し身体を動かしておく。
④　片麻痺があったり，片方の上肢に痛みがある場合は，健側から脱ぎ，患側から着るといった方法（脱健着患）で介助する。
⑤　座位保持できる場合は座位で上衣の着替えを行う。
⑥　臥床で着替える場合，利用者の症状悪化（痛みの増強，血流障害など）につながるため，長時間患側を下にしない。
⑦　ベッド上で寝返りのうてない利用者の着脱介助をする場合，着脱介助後に着脱介助前とは違う方向に体位変換を実施する。

出所：表5-1と同じ，118頁の内容を一部筆者改変。

ことで身だしなみが整い，気持ちが上向きになることもある。気持ちが上向きになったうえで食事をとると味もさらに美味しく感じるのではないだろうか。そのことからもわかるように，場によって身だしなみを整えることは，生きがいを持つためにも重要である。衣服の着脱介助の留意点については表5-3の通りである。

（4）入浴介助

　入浴介助には清潔保持以外にも疲労回復，感染予防，血行促進，ストレスの軽減など様々な効果がある。また，レクリエーションの一環として手浴，足浴をする場合もある。

　入浴はいろいろな方法で実施する。たとえば，一般的な方法として浴槽に入る方法，さらには座位の状態で入浴できるリフトの機械を用いた方法，臥床した状態で入浴できる特殊浴槽を使用した方法など様々である。また，利用者が体調不良などにより入浴できないことがある。その場合，手浴や足浴，ケリーパッドを使用した洗髪などで対応する場合がある（図5-1）。

　また，入浴する場合，利用者の自宅のお風呂場の環境面と利用者自身のADLの状況を踏まえて，必要に応じて介護保険制度の福祉用具の活用をする方法により安全に入浴できる場合もある（図5-2）。

　様々な入浴方法があるが，入浴は肌を守るものがない状態で行うため，身体

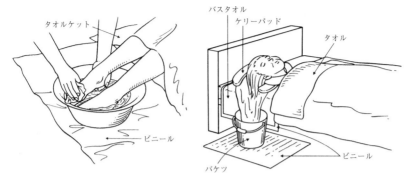

図5-1　足浴（左）とケリーパッドを使用した洗髪（右）
出所：澤田信子・西村洋子編著（2002）『介護概論』ミネルヴァ書房，120頁。

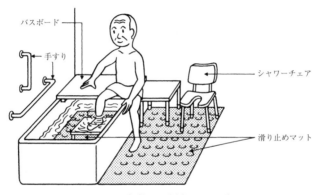

図5-2　福祉用具を活用した入浴
出所：図5-1と同じ，120頁。

的，心理的など様々な面で危険な状態である。特に**ヒートショック**には注意したい。入浴介助をする際に留意する点は表5-4の通りである。

（5）睡　眠

　人は睡眠不足になると，集中力が低下したり，疲労感や倦怠感があったり等生活に支障が出る。逆に気持ちよく睡眠がとれ朝目覚めると，その日の生活意欲がわいてくるものである。それほど睡眠というものは生活するうえで重要なことである。ただし，睡眠とはデリケートなものであり，配慮しなければなら

表5-4　入浴介助の留意点

①　準備を整えたうえで実施する。
例）・入浴前の排せつ　　・物品の準備　など
②　利用者の羞恥心および寒さへの配慮をする。
例）・スクリーンやバスタオル等の使用
・脱衣所と浴室の温度調節をする（ヒートショック予防のため）　など
③　利用者の体位を安全・安楽に保つ。
④　湯を用いる場合は利用者の状況に合わせて湯温に注意する。
例）・38〜41度程度で設定する
・清拭の場合は50〜55度程度で設定する　など
⑤　入浴中，皮膚などの異常を観察する（入浴前後のボディチェックも含む）。
⑥　食事前後1時間以内の入浴は避ける。
⑦　入浴前後の体調確認をする。
例）・表情や顔色等の観察　　・気分不良の有無
・バイタルサインチェック　　など

出所：澤田信子・西村洋子編著（2002）『介護概論』ミネルヴァ書房，121頁の内容を一部筆者改変。

表5-5　睡眠の留意点

①　痛みやかゆみはないか。
②　孤独感や不安感はないか。
③　寝室の温度設定は適切か。
④　寝室の照明の明るさは適切か。
⑤　寝室の外の音は睡眠の妨げになっていないか。
⑥　においの強いものはないか。
⑦　寝具が合っているか。
⑧　衣服の着心地は快適か。

出所：表5-4と同じ，125頁の内容を一部筆者改変。

ないことが多くあることも理解しておかなければならない。利用者にとって十分な睡眠を実現するためには，まずは日頃の観察と表5-5のように睡眠における様々な情報を把握する必要がある。

4　社会・文化的生活援助

人間の生活は，食事，入浴，排せつといった生理的な活動のみを支援したとしても生活全体を援助したとはいえない。生活を支えている余暇時間の社会・文化的活動が，QOLを向上するうえで重要である。そこでまず取り組むべき

ことは，利用者の生活史からみた社会・文化的生活の理解である。利用者の社会的生活には社会における仕事や役割，家族や地域社会における近隣住民，利用しているサービスにおける他利用者，援助者とのつながりなどがある。そして，文化的生活には，まずは利用者の教育活動，遊び，生活様式などがある。それらのことが，個別ニーズを把握するうえで重要なものとなる。また，介護現場における社会・文化的活動の場の一例としてレクリエーションがある。通所介護事業所（デイサービスセンター）や介護老人福祉施設などの介護保険サービスにおいてレクリエーションが実践されている。利用者がレクリエーションを楽しいと思うことができれば，生活に対する意欲につながることもある。さらには，生理的な活動に意欲をもたらすことがあり，そのことが自立支援にもつながる。また，レクリエーションにおいて利用者自身に役割も持ってもらう取り組みにより QOL 向上につながることもある。

5　生活環境の整備

　利用者の安全はもちろんのこと，援助者の安全も考える必要がある。介護労働安定センターの「令和2年度介護労働実態調査」において「労働条件の悩み，不安，不満等」の上位に「身体的負担が大きい（腰痛や体力に不安がある）」が挙がっており，2019（令和元）年度よりも増加している。そのことからも腰痛予防対策が重要である。その腰痛予防対策のひとつとしてオーストラリアにおいて1998年より腰痛予防対策としてスタートしたノーリフト・ノーリフティングケアがあり，わが国でもノーリフティングケアを導入している。他にも負担軽減の方法として**ボディメカニクス**の応用や介護保険制度における**福祉用具**の活用などもある。

注
(1)　新村出編（2008）『広辞苑（第6版）』岩波書店，1534頁。
(2)　バイスティック，F.P.／尾崎新・福田俊子・原田和幸訳（2006）『ケースワーク

の原則──援助関係を形成する技法（新訳改訂版）』誠信書房。

参考文献

介護労働安定センター（2021）「令和2年度介護労働実態調査結果について」（http://www.kaigo-center.or.jp/report/pdf/2021r01_chousa_kekka_gaiyou_0823.pdf　2022年7月15日閲覧）。

厚生労働省（2022）「令和3年（2021）人口動態統計月報年計（概数）の概況」（https://www.mhlw.go.jp/toukei/saikin/hw/jinkou/geppo/nengai21/dl/kekka.pdf　2022年7月15日閲覧）。

澤田信子・西村洋子編著（2002）『介護概論』ミネルヴァ書房。

新村出編（2008）『広辞苑（第6版）』岩波書店。

学習課題

①　利用者の生活を捉えた生活支援をするためにどのようなことが必要なのかまとめてみよう。

②　それぞれの生活支援場面で自立支援をするためにあなたはどのようなことを実践するかまとめてみよう。

キーワード一覧表

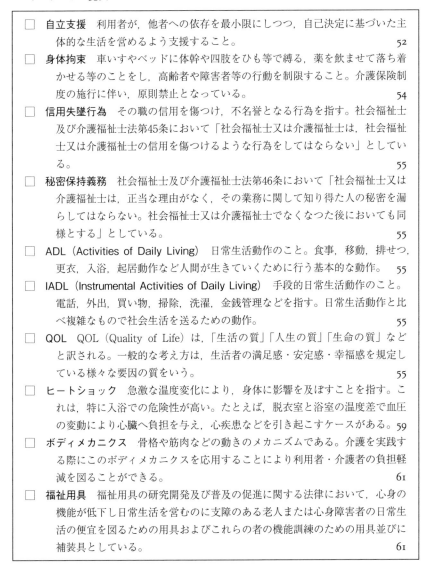

☐ **自立支援**　利用者が，他者への依存を最小限にしつつ，自己決定に基づいた主体的な生活を営めるよう支援すること。　　52

☐ **身体拘束**　車いすやベッドに体幹や四肢をひも等で縛る，薬を飲ませて落ち着かせる等のことをし，高齢者や障害者等の行動を制限すること。介護保険制度の施行に伴い，原則禁止となっている。　　54

☐ **信用失墜行為**　その職の信用を傷つけ，不名誉となる行為を指す。社会福祉士及び介護福祉士法第45条において「社会福祉士又は介護福祉士は，社会福祉士又は介護福祉士の信用を傷つけるような行為をしてはならない」としている。　　55

☐ **秘密保持義務**　社会福祉士及び介護福祉士法第46条において「社会福祉士又は介護福祉士は，正当な理由がなく，その業務に関して知り得た人の秘密を漏らしてはならない。社会福祉士又は介護福祉士でなくなつた後においても同様とする」としている。　　55

☐ **ADL（Activities of Daily Living）**　日常生活動作のこと。食事，移動，排せつ，更衣，入浴，起居動作など人間が生きていくために行う基本的な動作。　　55

☐ **IADL（Instrumental Activities of Daily Living）**　手段的日常生活動作のこと。電話，外出，買い物，掃除，洗濯，金銭管理などを指す。日常生活動作と比べ複雑なもので社会生活を送るための動作。　　55

☐ **QOL**　QOL（Quality of Life）は，「生活の質」「人生の質」「生命の質」などと訳される。一般的な考え方は，生活者の満足感・安定感・幸福感を規定している様々な要因の質をいう。　　55

☐ **ヒートショック**　急激な温度変化により，身体に影響を及ぼすことを指す。これは，特に入浴での危険性が高い。たとえば，脱衣室と浴室の温度差で血圧の変動により心臓へ負担を与え，心疾患などを引き起こすケースがある。59

☐ **ボディメカニクス**　骨格や筋肉などの動きのメカニズムである。介護を実践する際にこのボディメカニクスを応用することにより利用者・介護者の負担軽減を図ることができる。　　61

☐ **福祉用具**　福祉用具の研究開発及び普及の促進に関する法律において，心身の機能が低下し日常生活を営むのに支障のある老人または心身障害者の日常生活の便宜を図るための用具およびこれらの者の機能訓練のための用具並びに補装具としている。　　61

第6章

介護の過程

名探偵が鮮やかに犯人をつきとめるプロセスを探ると，①周囲の環境も含めて事実を正確に収集する（現場検証や聞き込み調査など），②事実と事実を関連させる，③関連した事実から隠れている事実を分析する，④犯人の気持ち（動機）を推察するなどとなる。この思考過程は推理に限らず日常生活でも活用し，介護では利用者を対象とする介護過程として汎用できる。このような思考過程を用いて介護過程を適切に展開することにより，利用者の QOL の向上とともに，専門職としての資質の向上も期待できる。

本章では，介護過程の定義，意義，構成要素などの基礎的知識を学び，それらの知識を踏まえて介護過程の実践展開能力を養う機会としてほしい。

1　介護過程とは

（1）介護過程の目的

介護過程は，利用者一人ひとりが望む生活を実現するために展開する。多角的な情報収集を行い，生活上のニーズや解決すべき課題を明確にし，介護計画を立案，実施，評価する一連の思考と実践の過程となる。この過程は，利用者との関係が続く限り継続する。

（2）介護過程の意義

介護過程を実践展開する意義として，石野は「予測性をもった根拠が明確な介護」「利用者の自己決定を支援」「多職種連携」「後輩の教育と家族への介護

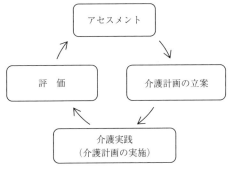

図6-1　介護過程の構成要素
出所：筆者作成。

指導」「介護を学問として構築」「介護福祉士の自己成長」[1]と述べている。このように介護過程を実践展開することは，利用者とともに介護者，そして介護チームとしての意義も高い。

（3）介護過程の構成要素

　利用者一人ひとりに適した介護のために，実際に行う前にどのような状況であるのか情報を収集し，それらをもとに分析・解釈することでニーズを把握し，実際に行う方法を導いていく。実施後に効果を評価することで，さらによい支援方法を検討する。このプロセスが介護過程であり，①アセスメント，②介護計画の立案，③介護計画の実施，④評価で構成される。図6-1に**介護過程の構成要素**を示したが，矢印のように一方向に展開するものではなく，介護実践を評価した際に介護計画の援助方法を修正する，あるいは利用者の状況に応じて再アセスメントするなど必要性に応じて多方向に展開する。

（4）国際生活機能分類（ICF）

　アセスメントの視点として，本章では2001年に世界保健機関（WHO）が，すべての人を捉える時の共通言語として提唱した「**国際生活機能分類**」（ICF：International Classification of Functioning, Disability and Health）を活用する。

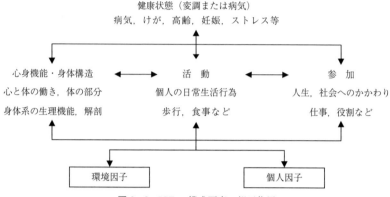

図6-2　ICF の構成要素の相互作用

出所：世界保健機関（2002）『ICF　国際生活機能分類——国際障害分類改定版』中央法規出版，17 頁の図に一部筆者加筆修正。

① 　ICF の考え方

ICF は人間の生活機能と障害についての分類法であり，世界共通の基準として「さまざまな専門分野や異なった領域で役立つことを目指している[2]。生きることの全体像を示す共通言語，つまり「『人が生きる』ことを包括的・総合的にとらえる見方・考え方を共通にもつということ[3]」である。

② 　ICF の構成要素

ICF は図6-2のように，「健康状態」，3つの「生活機能」，2つの「背景因子」の各要素がそれぞれ相互に影響し合って成り立っている。

中段の「心身機能・身体構造」「活動」「参加」は生活機能の3つのレベルであり，それぞれに独立性を持ちながらも相互に影響を受けていることを示す。そのため，生活像となる「活動」「参加」について，他の構成要素「健康状態」「心身機能・構造」，背景因子の「環境因子」「個人因子」と関連させながら総合的に把握することが重要となる。ICF では，あらゆる障害を医学モデルと社会モデルを統合して捉え，障害を持つ個人としても，また社会としても障害を克服していくことの重要性を示唆している。医学モデルと社会モデルの主な捉え方を表6-1に示す[4]。本人の意向・思いや障害の内容に応じて，2つのモデルを統合することが重要である。

表6-1　医学モデルと社会モデル

	医学モデル	社会モデル
障害とは	異常	個性
社会適応の手段	治療・リハビリ	社会・環境側の改善
アセスメント	問題解決型	目標志向型

出所：諏訪さゆり（2007）『ICFの視点を活かしたケアプラン実践ガイド』
日総研出版，212頁を一部筆者加筆修正。

2　介護過程の展開

（1）アセスメント

　情報収集から得た内容をもとに，生活の状況を解釈する。その際，その人にとってその情報がどのような意味を持っているのかを吟味することも重要となる。そのため，生活機能と背景因子との関連にも着目し，全体像を抽出する。そして，その人のニーズ（課題）を分析する。つまり，プロセスは，①情報を収集する→②収集した情報をICFの視点で整理する→③各情報の関連性を整理し，生活の状況を解釈する→④その人らしい生活に対して，ニーズ（課題）を分析する→⑤情報を統合化し，必要な支援の方向性を判断する，となる。このプロセスを矢印で示したが，不足する情報を再収集するなど，一方向に展開するものではない。

①　情報を収集する

　情報は主に直接情報と間接情報に種別できる。直接情報とは，観察，コミュニケーション，身体計測など利用者から直接収集できる情報である。その際，利用者および周辺の事象が，何によって構成されているのかをみて，それらに影響を及ぼしている環境因子，個人因子を踏まえて，事象の意味を読み取る観察が重要となる。間接情報とは，カンファレンス，申し送り，また介護記録，検査データなどの記録類などから収集できる情報である。情報の種類には，利用者から直接得る言葉や考え方および思いなどの主観的データ，そして観察や身体計測などから得る情報客観的データに大別され，双方から収集することが

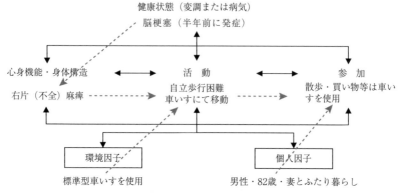

図 6 - 3　ICF の視点で情報を整理する

出所：世界保健機関（2002）『ICF　国際生活機能分類——国際障害分類改定版』中央法規出版，17
頁の図に一部筆者加筆修正。

重要となる。また，情報を収集する際，視野を広げ，介護者の先入観や主観を
入れずに収集することが，留意点となる。

　②　収集した情報を ICF の視点で整理する

　生活の状況を解釈するために，各情報を ICF の視点に基づいて整理する。
たとえば，車いすを使用している活動状況に対して，その理由を ICF に基づ
いて構成要素ごとに整理する（図 6 - 3）。

　③　各情報の関連性を整理し，生活の状況を解釈する

　関連させた情報から，生活状況を理解しやすくなる。たとえば，図 6 - 3 に
示す車いすを使用している活動状況について，次のように解釈することができ
る。「半年前に脳梗塞を発症（健康状態）し，その後遺症による右片（不全）麻
痺（心身機能・身体構造）を生じ，自立歩行が困難となった（活動）。そのため，
日常は標準型車いす（環境因子）を使用して散歩や買い物をしている（参加）」。
他の情報も同様に関連させることで，生活体としての全体像が把握できる。

　④　その人らしい生活に対して，ニーズ（課題）を分析する

　ニーズ（課題）とは，利用者が生活を送るために必要不可欠な欲求であり，
生活上のリスクとなる課題も含めて分析することで利用者の望む生活を追求で
きる。解釈した全体像（生活体）から，自分らしい生活に対してのニーズや課

題が生じているかを分析する。満たされていないニーズは，現在満たされていない（顕在化）ニーズと，今後，満たされにくくなる（潜在化）ニーズに大別できる。それらに対して，課題（阻害しているもの）を明らかにし対応していくことが求められる。また，ニーズには専門家としての知識や社会規範から判断して，明らかにされたノーマティブニーズ（normative needs：規範的ニーズ）と，利用者や家族が感じていること，主訴としているフェルトニーズ（felt needs：体感的ニーズ）があるため，両者をすり合わせてニーズの本質を把握することも求められる。しかし，ニーズ（課題）の把握は容易ではないため，多角的に分析し，ニーズ（課題）を把握した後もフィードバックし，追求していく姿勢が必要不可欠である。

⑤　情報を統合化し，必要な支援の方向性を判断する

分析したニーズを満たす方向で，介護の方向性および今後の対応を判断する。その際，背景因子である個人因子および環境因子を活用することによりその人らしさを反映することができる。

（2）介護計画の立案

介護計画は，チームケアを効率よく遂行するための指示書となる。その基本的な内容として，アセスメントから判断したニーズ（課題）の優先順位を検討する。次に，各ニーズを満たすための介護目標（利用者の目指す状況）を設定し，目標に到達するための具体的な援助方法を記述する。そして，介護計画における全体的な介護の方針を設定する。

①　アセスメントから判断したニーズ（課題）の優先順位を検討する

利用者が望む生活となるよう，ニーズ（課題）に対して，優先順位（重大性・緊急性）の高い順に設定する。

②　ニーズを満たすための介護目標（利用者の目指す状況）を設定する

利用者が目指す状態として，ニーズが満たされた，課題が改善された状態を記述する。到達する期間に応じて，長期目標と短期目標を設定する。

③　目標に到達するための具体的な援助方法を記述する

利用者の目指す状態（目標）に到達するよう援助方法を記述する。チームメ

ンバーが同じ実践ができるよう，現実的で継続的に実践可能な方法を具体的に記載する。また，利用者の意思を反映した方法とし，必要となる各専門職種との連携についても留意する。

④　全体的な介護の方針を設定する

利用者のニーズが満たされるよう全体像を，チームにおける支援の方向性として示す。

（3）介護実践（介護計画の実施）

介護計画に沿って，実施（介護計画の意図を意識）する。その際，利用者の安全を第一に考え，利用者が不快を感じないよう配慮することも重要となる。介護者の行動や言葉に対して，返答や表情などの反応が実践に対する評価となることも少なくないため，介護の質を高めるよう適切に観察しフィードバックする視点が重要となる。

（4）評価・修正

今までの実践を振り返り，評価することで，利用者の QOL を維持，向上することができる。実践ごとに行う個人的評価と，定期的にチームで行う評価がある。主な評価の視点は，介護計画が適切に実施されているか，介護目標が達成されたか，個々の援助内容が適切であるか，利用者に新しい生活上の課題（ニーズ）が生じていないか，などである。評価に応じて，計画，アセスメントなどを修正・追加・削除する。修正・追加・削除を行う場合，その必要性を客観的に示すため，根拠となる内容も実施記録に記載する。

このように，**介護過程の実践展開**は構成要素を踏まえた一連の思考と実践の過程であり，利用者との関係が続く限り継続する。

3　介護過程とケアマネジメント

（1）介護過程とケアマネジメントの関係

介護保険制度において，要援護者と社会資源を結びつけるケアマネジャー

（介護支援専門員）は各職種によるサービスを総合的に計画したケアプランを作成する。このケアマネジメントに参画する専門職には，介護支援専門員，理学療法士および作業療法士などのリハビリテーション職，医師，看護師，歯科医師，歯科衛生士など多職種におよび，ケアプランと連携して各専門職のサービス計画を実施する。

　基本的に介護過程に基づく介護計画は介護を必要とされる居宅（在宅）や入所している要介護者を対象とし，介護福祉士等が立案する。居宅（在宅）の場合，居宅介護支援事業所に依頼を行い介護支援専門員がケアプランを作成する。ここで作成するケアプランは介護保険のサービス内容（事業）を示すものであり，その内容を踏まえて介護計画は各サービス事業所にて，介護福祉士等と連携して作成する。施設入所の場合，介護保険施設（指定介護老人福祉施設，介護老人保健施設，指定介護療養型医療施設）に入所し，施設勤務の介護支援専門員（施設ケアマネジャー）が介護福祉士等と連携しケアプランを作成する。このように**介護過程とケアマネジメント**は密接に関係している。

（2）チームアプローチ

　利用者一人ひとりが望む生活を実現するために，介護過程を実践展開する。それにより，チームとしての介護実践は介護目標を共有し統一した支援が可能となる。それにより，介護の質を高めることにも貢献できる。しかし，生活は介護支援だけでなく他の専門職の支援も必要とされるため，個々の利用者を中心に社会福祉士，介護福祉士，医師，看護師，理学療法士，作業療法士など多くの専門職種がチームとしてアプローチすることが必要となる。各専門職種との連携にあたり，互いの役割を理解するとともに，介護職は他職種と効果的に協働できるよう，根拠を踏まえた介護内容を説明する能力も求められる。

　介護過程を実践展開することで，介護プロセスを可視化し，介護福祉士としての専門性を発揮できる。多様化した介護ニーズに対応するため，**各専門職種との連携における介護過程の必要性**は高いといえる。

4　介護観と介護実践

　厚生労働省は2019（令和元）年度の介護福祉士養成課程の改正カリキュラムへの見直しの観点のひとつとして，「介護過程の実践力の向上」を提示した。介護過程を実践し評価することは，介護に対する思いや考えなどを自己覚知する機会となり，それを積み重ねることで介護観が形成されていく。その介護観は，介護実践と「正の関連」を示す。なぜなら，「**介護観**は，介護に対する信念・価値に相当するため，自身の介護観を意識することにより，一貫した介護を実践し，評価する際の基準にもなり得る」からである。つまり，アセスメントし介護計画を立案し，実践後に評価する，この一連の介護過程の実践展開により介護観を形成し，形成した介護観は介護実践の判断基準となる。そのため，個々に相違はあるものの介護観を形成することにより，介護過程における実践展開能力のさらなる向上が期待できる。

注
(1)　石野育子編著（2014）『介護過程（第3版）』メヂカルフレンド社，18〜21頁。
(2)　世界保健機関（2002）『ICF　国際生活機能分類──国際障害分類改定版』中央法規出版，17頁。
(3)　上田敏（2005）『ICFの理解と活用』萌文社，30頁。
(4)　諏訪さゆり（2007）『ICFの視点を活かしたケアプラン実践ガイド』日総研出版，212頁。
(5)　厚生労働省（2019）「『介護福祉士養成課程における教育内容の見直し』について」（https://www.mhlw.go.jp/content/　2022年6月21日閲覧）。
(6)　武田啓子ほか（2019）「介護職員における介護実践と介護観との関連」『介護福祉学』26(1)，1〜8頁。

参考文献
介護福祉士養成講座編集委員会編（2019）『介護過程（第2版）』中央法規出版。

学習課題

①　介護過程を実践することで，専門職としての資質が向上する根拠を考えてみよう。

②　介護過程の思考過程を用いて，自身の生活行動をアセスメントしてみよう。

キーワード一覧表

- [ ] **介護過程**　利用者一人ひとりが望む生活を実現するために，多角的な情報収集を行い，生活上のニーズや解決すべき課題を明確にし，介護計画を立案，実施，評価する一連の思考と実践の過程である。　　64
- [ ] **介護過程を実践展開する意義**　次の 6 点が挙げられている。予測性をもった根拠が明確な介護，利用者の自己決定を支援，多職種連携，後輩の教育と家族への介護指導，介護を学問として構築，介護福祉士の自己成長。　　64
- [ ] **介護過程の構成要素**　①アセスメント，②介護計画の立案，③介護計画の実施，④評価で構成される。　　65
- [ ] **国際生活機能分類（ICF）**　2001年に世界保健機関（WHO）が提唱した，人間の生活機能と障害についての分類法であり，すべての人を捉える時の共通言語とされている。　　65
- [ ] **ニーズ（課題）**　ニーズとは，利用者が生活を送るために必要不可欠な欲求であり，生活上のリスクとなる課題も含めて分析することにより，介護計画の立案へとつながる。　　68
- [ ] **介護過程の実践展開**　構成要素を踏まえた一連の思考と実践の過程であり，利用者との関係が続く限り継続する。　　70
- [ ] **介護過程とケアマネジメント**　介護保険制度において，要援護者と社会資源を結びつけるケアマネジャー（介護支援専門員）は各職種サービスを総合的に計画したケアプランを作成する。このケアマネジメントに参画する専門職として介護職はケアプランと連携した介護過程を実践展開する。両者は密接に関係している。　　71
- [ ] **各専門職種との連携における介護過程の必要性**　多職種連携するために根拠を踏まえた介護内容を説明する能力も求められる。介護過程を実践展開することは，介護プロセスの可視化となるため，多職種との連携に際しても意義は高い。　　71
- [ ] **介護観**　介護観とは，介護をするうえで，自分が大切にしたいと思うこと（信念・価値に相当するレベル）を示す。個々の相違はあるが，よく用いられる言葉としては，「尊重」「利用者主体」「信頼関係」などがある。　　72

第Ⅲ部

介護をめぐる諸制度と具体的方策

第 7 章

介護に関する法律と施策の動向

　本章では，介護・医療が必要な人とその家族を支える主な法律や関連施策を紹介する。介護が必要になった高齢者を支える介護保険制度や地域包括ケアシステムをはじめ，高齢者の医療の確保に関する法律や医療介護総合確保推進法を通して理解を深める。また，育児・介護休業法やケアラー支援に関する施策を通して，介護を担う家族等に対し，どのような支援体制が整備されているか学習する。最後に，障害や難病を抱える人のための制度と施策を通して，介護が必要な様々な立場に置かれている人への支援内容について理解を深める。

1　高齢者の介護・医療を支える制度と施策

（1）介護保険制度

①　介護保険の成立背景

　1970（昭和45）年に高齢化社会，1994（平成6）年に高齢社会に入った日本は当時，世界で例をみない速さで高齢化が進み，増え続ける要介護高齢者や長期化する介護期間をめぐる介護問題が社会的に関心を集めていた。また，核家族化が進み，家庭内での介護を期待することが難しくなってきただけでなく，介護する家族の高齢化が進むなど家族をめぐる状況が変化していた。従来の老人福祉や医療保険による対応に限界があることから，対策が求められた。

　関連して，1994（平成6）年3月に発表された「21世紀福祉ビジョン」において，新たな介護システムの構築が必要であることが述べられた。また，同年12月に発表された「新たな高齢者介護システムの構築を目指して」において，

社会保険方式を用いた介護システム導入などの必要性が指摘された。さらに，1990年代に「**介護の社会化**」の必要性に関する議論が広がりをみせ，1997（平成9）年12月に介護保険法が成立した。

2000（平成12）年4月から施行された介護保険法は，「自立支援」「利用者本位」「社会保険方式」を基本的な考え方とする[(1)]。高齢者の介護を社会全体で支え合う介護保険は，医療（健康）保険・年金保険・労災保険・失業（雇用）保険に次ぐ，5つ目の社会保険制度としてはじまった。

②　保険者と保険料

保険者とは，運営主体のことを指す。介護保険では，市町村（特別区を含む）である。市町村は，保険給付の円滑な実施のため，3年間を1期とする「介護保険事業（支援）計画」を策定している。介護保険は社会保険制度であるため，介護サービスを受ける必要がなくても，法律で定められた年齢になると一定額の介護保険料を徴収される。介護保険事業計画では，保険料の見直しも検討する。介護保険料は，自治体の高齢化率や要介護者数などによって金額も異なる。また，本人の所得と世帯の住民税課税状況などによって，介護サービスを利用した時に発生する負担額が異なる仕組みになっている。2000（平成12）年当初は，全国平均3000円程度であった介護保険料は，2022（令和4）年現在約6014円になっており，2025年には約7200円になると見込まれている[(2)]。

③　被保険者

介護保険の加入者である被保険者は，日本国内に居住する65歳以上のすべての者（第1号被保険者）および40歳から64歳までの医療保険加入者（第2号被保険者）であることが原則である。ただし，日本国内に住所を有しない40歳以上の者，また40歳から64歳の医療保険未加入者（生活保護の医療扶助を受けている人），適用除外施設（救護施設，指定障害者支援施設，医療型障害児入所施設，労災特別介護施設など）に入所している者は対象外となる。

介護保険サービスの受給要件は，第1号被保険者と第2号被保険者で異なる。第1号被保険者は原因を問わず，要支援・要介護状態になった場合に受けることができる一方で，第2号被保険者は要支援・要介護状態になった原因が介護保険法で定めている16の特定疾病（末期がんや関節リウマチ等の加齢に起因する疾

軽度 ↑	要支援1	日常生活動作（食事・排せつ・入浴・掃除）の自宅での生活において，基本的な日常生活はひとりで行うことが可能だが，手段的日常生活動作（買い物・金銭管理・内服薬管理・電話利用）のどれかひとつ，一部見守りや介助が必要な人が対象（25分以上32分未満）
	要支援2	要支援1に加え，下肢筋力低下により歩行状態が不安定な人。今後，日常生活において介護が必要になる可能性のある人が対象（32分以上50分未満）
	要介護1	手段的日常生活動作でどれかひとつ，毎日介助が必要となる人が対象。日常生活動作においても，歩行不安定や下肢筋力低下により一部介助が必要な人が対象（32分以上50分未満）
	要介護2	手段的日常生活動作や日常生活動作の一部に，毎日介助が必要になる人が対象。日常生活動作を行うことはできるが，認知症の症状がみられており，日常生活にトラブルのある可能性がある人も対象（50分以上70分未満）
	要介護3	自立歩行が困難な人で，杖・歩行器や車いすを利用している人が対象。手段的日常生活動作や日常生活動作で，毎日何かの部分で全面的に介助が必要な人が対象（70分以上90分未満）
重度 ↓	要介護4	移動には車いすが必要となり，常時介護なしでは，日常生活を送ることができない人が対象。全面的に介護を行う必要はあるものの，会話が行える状態の人が対象。胃瘻や点滴で，食事介助の必要性がない人は，全面的な介護が必要でないと判断され，要介護4に該当することがある（90分以上110分未満）
	要介護5	ほとんど寝たきりの状態で，意思の伝達が困難で，自力で食事が行えない状態の人が対象。日常生活すべての面で，常時介護をしていないと生活することが困難な人が対象（110分以上）

図7-1　要介護区分の目安（要介護認定等基準時間）

注：要介護度別に示した基準時間またはこれに相当すると認められる状態を含む。
出所：長寿科学振興財団「介護保険の介護度とは」(https://www.tyojyu.or.jp/net/kaigo-seido/kaigo-hoken/kaigodo.html) および厚生労働省「要介護認定はどのように行われるか」(https://www.mhlw.go.jp/topics/kaigo/nintei/gaiyo2.html) を参考に筆者作成（いずれも2022年9月30日閲覧）。

病）の場合に限られる。

④　要介護認定

介護保険サービスの利用を希望する被保険者は，**要介護認定**を受ける必要がある。要介護認定を受けるためには居住する市町村の担当窓口に申請する。申請は，被保険者本人のほか，家族や成年後見人，民生委員，居宅介護支援事業者，地域包括支援センター，介護保険施設などが代わりに手続きを行うことができる（介護保険法第27条第1項）。

要介護認定は，主治医意見書および認定調査に基づくコンピュータによる推

計などからの「一次判定」を経て介護認定審査会による「二次判定」を行う。

　要介護認定を希望する場合，**認定調査員**が自宅等を訪問し，認定調査票（74項目からなる基本調査および記述式の特記事項）を用いて心身の状況を把握する。なお，認定調査票は全国統一のものを用いる。

　一次判定では，要支援 1・2 から要介護 1・2・3・4・5 までの 7 段階，もしくは非該当（自立）のいずれかの状態区分が示される（図 7‐1）。二次判定を行う**介護認定審査会**は，各市町村に設置しており，保健医療福祉分野の専門家や学識経験者から市町村長が任命した委員で構成され，要介護度の審査判定や第 2 号被保険者の特定疾病の判定を行う。この結果に基づき，市町村が要介護認定を行う。なお，保険者である市町村が行った介護保険における保険給付および要介護・要支援認定などに係る行政処分に不服がある場合，各都道府県に設置されている「**介護保険審査会**」に対して審査請求をすることができる（同法第183〜184条）。

　2022（令和 4）年 6 月末現在，第 1 号被保険者数は3590万人おり，要介護・要支援認定者数は694.8万人（男性220.9万人，女性474.0万人）で，第 1 号被保険者に対する65歳以上の認定者数の割合は，約19.0％となっている。[3] 高齢化に伴って介護保険を利用する人の数は増え続けているのが現状である。

　⑤　サービス利用

　要介護・要支援認定を受けた者は，必要に応じて各種介護サービスを利用することができる。介護サービスの利用を希望する要介護者は，居宅介護支援事業所の介護支援専門員（ケアマネジャー）に居宅サービス計画（ケアプラン）の作成を依頼することができる。要支援者の場合は，地域包括支援センターに介護予防サービス計画（ケアプラン）の作成を依頼することができる。

　これらのケアプラン作成に関する利用者負担はゼロで，全額介護保険より給付されるが，制度の持続可能性を確保するため，利用者負担の導入をめぐる議論が持続的に行われている。[4] なお，利用者自身でケアプランを作成することも可能であるが，セルフケアプランが増加すれば，市町村の確認作業など，事務処理負担が増大することが懸念されている。[5]

　要介護認定を受けた人は介護給付を，要支援認定を受けた人は予防給付を行

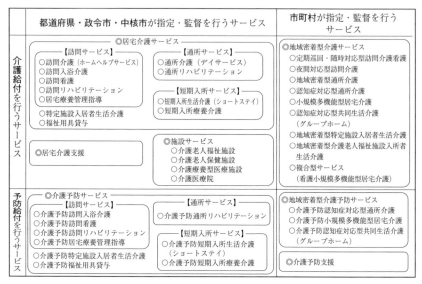

図7-2　介護サービスの種類

出所：厚生労働省老健局（2021）「介護保険制度の概要」。

うサービス等を利用することができる。利用できる介護サービスは，図7-2
の通りである。このほか，居宅介護（介護予防）福祉用具購入や居宅介護（介護
予防）住宅改修を行うことができる。また，要支援1・2およびそれ以外の者
を対象に提供される訪問型・通所型サービスなどを展開する「介護予防・日常
生活支援総合事業（総合事業）」がある。総合事業をコーディネートする専門職
として，「**生活支援コーディネーター（地域支え合い推進員）**」の配置が進んでお
り，資源開発，ネットワーク構築，ニーズと取り組みのマッチング機能が期待
されている。

（2）地域包括ケアシステム

　持続可能な社会保障制度の確立を図るため，「地域包括ケアシステム」の構
築が進められている。「地域包括ケアシステム」とは，地域の事情に応じて，
高齢者が，可能な限り，住み慣れた地域でその有する能力に応じ自立した日常
生活を営むことができるよう，医療，介護，介護予防，住まいおよび自立した

日常生活の支援が包括的に確保される体制のことをいう⁽⁶⁾。

　市町村が地域の実情に応じて，自主性・主体性に基づき，地域の特性に応じたシステムを構築するために，「地域の課題の把握と社会資源の発掘」「地域の関係者による対応策の検討」「対応策の決定・実行」を PDCA サイクルで検討していくことが求められている⁽⁷⁾。また，自助・共助・互助・公助をつなぎ合わせる（体系化・組織化する）役割が必要である。その際には，都市部では強い「互助」を期待することが難しいなど，地域によって実情が異なることを考慮し，かかわる必要がある。

　日常生活圏域で地域包括ケアを推進させる中核機関である**地域包括支援センター**は，2005（平成17）年の介護保険法改正（2006（平成18）年4月施行）により制度化され，全国の市町村に設置されている。また，同法の2011（平成23）年改正（2012（平成24）年4月施行）により地域包括ケアの推進に関する内容が含まれ，2014（平成26）年改正（2015（平成27）年4月施行）では地域包括ケアシステムの構築に向けて地域ケア会議が推進されるなど，地域支援事業の充実化（同法第115条の45）が挙げられている。

　また2017（平成29）年，地域包括ケアシステムの強化のための介護保険法等の一部を改正する法律（2018（平成30）年施行）において，高齢者の自立支援と要介護状態の重度化防止に向けた保険者機能の強化などの取り組みが推進されている。

（3）高齢者の医療の確保に関する法律

　医療費適正化に向けて，老人保健法が高齢者の医療の確保に関する法律（高齢者医療確保法）に題名も含めて大幅に改正された。同法による2008（平成20）年の「後期高齢者医療制度」の発足により，前期高齢者に係る保険者間の費用負担の調整が行われるようになった。なお，前期高齢者は65歳以上75歳未満の者を，後期高齢者は75歳以上の者を指す。

　「後期高齢者医療制度」によって，75歳以上の高齢者は，広域連合が運営する独立した高齢者医療制度に加入し，給付を受けることになった。広域連合は，各都道府県に設置された後期高齢者医療制度の運営主体であり，すべての市町

村が加入している。後期高齢者医療制度は，従来の老人保健制度の課題として指摘されていた，若年層と高齢者の費用負担関係が不明確であることや保険料を納める先とそれを使う主体が異なることといった課題の解決のため，広域連合を運営主体にしている。⁽⁸⁾

（4）医療介護総合確保推進法

　2025年には団塊の世代が75歳以上の後期高齢者となり，3人に1人が65歳以上となることから，現在の医療・介護サービスの提供体制では対応が難しいことが見込まれている。そこで，持続可能な社会保障制度の確立に向けて関係法律の整備が行われ，2014（平成26）年6月25日に「地域における医療及び介護の総合的な確保を推進するための関係法律の整備等に関する法律」（医療介護総合確保推進法）が公布された。政府は，効率的かつ質の高い医療提供体制および地域包括ケアシステムの構築を通じ，地域における医療・介護の総合的な確保を推進することを目指している。⁽⁹⁾

2　介護を担う家族等を支える制度と施策

（1）育児・介護休業法

　育児・介護に携わる家族が仕事と両立することを支えるために「育児休業，介護休業等育児又は家族介護を行う労働者の福祉に関する法律」（育児・介護休業法）が1999（平成11）年に施行された。この法律は，育児休業および介護休業に関する制度を設けるとともに，子の養育および家族の介護を容易にするため勤務時間等に関し事業主が講ずべき措置を定めるほか，子の養育または家族の介護を行う労働者等に対する支援措置を講ずること等により，子の養育または家族の介護を行う労働者等の雇用の継続および再就職の促進を図り，もってこれらの者の職業生活と家庭生活との両立に寄与することを通じて，これらの者の福祉の増進を図り，あわせて経済および社会の発展に資することを目的とする（育児・介護休業法第1条）。

　育児・介護休業法が施行された現在でもなお，長期化する介護に疲弊してし

表7-1　介護休暇・休業制度の概要

介護休暇	介護休業
要介護状態にある対象家族の介護その他の世話を行うために1年に5日まで取得でき，時間単位取得可能（対象家族2人以上の場合，10日まで）	要介護状態にある対象家族1人につき通算93日まで3回を上限に，分割取得可能

出所：厚生労働省「育児・介護休業法のあらまし」（令和4年3月作成）（https://www.mhlw.go.jp/stf/
　　　seisakunitsuite/bunya/000103504.html　2022年10月1日閲覧）を参考に筆者作成。

　まい，家族の介護・看病を理由に仕事を辞めてしまう「**介護離職**」が絶えない状況である。そこで，政府は「介護離職ゼロ」に向けて介護の受け皿を拡大し，仕事と介護の両立が可能な働き方を普及することなどを示している。仕事と介護の両立支援に向けてはじまったのが，通院の付き添いやケアマネジャーとの面談など短時間の休みに適する「介護休暇」と，介護の体制を整えて職場復帰できるまでの準備期間などに活用できる「介護休業」である（表7-1）。また，介護のために仕事を休んだ場合，一定の要件を満たすことを条件に給与の67%が支給される「介護休業給付金」のほか，時間外・所定外労働の制限や深夜業の制限などに関する支援がある。

（2）ケアラー支援に関する施策

　すべての**ケアラー**（介護者）を対象にした自治体によるケアラー支援に関する条例の制定が進んでいる。全国ではじめて2020（令和2）年3月に埼玉県で「埼玉県ケアラー支援条例」が制定され，翌年には北海道栗山町，三重県名張市，岡山県総社市などで進み，2022（令和4）年8月現在，11か所で制定されている。ケアラー支援に関する条例は，ケアラーが個人として尊重され，健康で文化的な生活を営むことができるよう，社会全体で支えることを目的として，基本理念，自治体の責務や住民・事業者・関係機関等の役割を定め，推進計画や基本方針の策定等を規定している[10]。

　一方で，学業と介護を並行しているヤングケアラーが少なくないことから厚生労働省はヤングケアラー向けの特設ホームページ「子どもが子どもでいられる街に。──みんなでヤングケアラーを支える社会を目指して」を設け，関連実態を知らせ，啓蒙活動に向けて取り組んでいる[11]。しかし，まだヤングケア

ラーとはどのような人を指すのか法令上の定義はなく，中央政府によるヤング
ケアラー支援に関する制度・施策は整っておらず，関連支援団体や相談窓口の
情報提供にとどまっている。

　つまりヤングケアラー支援に関する取り組みは，まだはじまったばかりとい
える。厚生労働省と文部科学省は，2021（令和3）年3月に「ヤングケアラー
の支援に向けた福祉・介護・医療・教育の連携プロジェクトチーム」を立ち上
げ，ヤングケアラーを早期に発見し，必要な支援につなげる方策について検討
し，同年5月に今後取り組むべき施策をとりまとめた。国は，2022（令和4）
年度から2024年度までの3年間をヤングケアラー認知度向上の「集中取組期
間」として集中的な広報・啓発活動等を行うこととしている。

3　障害や難病を抱える人のための制度と施策

（1）障害を抱える人のための制度と施策

　2006（平成18）年に施行された「障害者自立支援法」を「障害者の日常生活
及び社会生活を総合的に支援するための法律」（障害者総合支援法）とする内容
を含む「地域社会における共生の実現に向けて新たな障害保健福祉施策を講ず
るための関係法律の整備に関する法律」が2012（平成24）年6月に成立し，
2013（平成25）年4月より施行された。

　その後，施行後3年を目途に見直しを行う「障害者の日常生活及び社会生活
を総合的に支援するための法律及び児童福祉法の一部を改正する法律」が2016
（平成28）年5月に成立し，2018（平成30）年4月より施行された。主な改正内
容は，①障害者が自らの望む地域生活を営むことができるよう，「生活」と
「就労」に対する支援のいっそうの充実や高齢障害者による介護保険サービス
の円滑な利用を促進するための見直しを行うこと，②障害児支援のニーズの多
様化にきめ細かく対応するための支援の拡充を図ること，③サービスの質の確
保・向上に向けた環境整備を行うことである。

　これまで，障害者総合支援法を利用していた障害者が65歳になると，介護保
険法の規定による給付が原則的に優先（介護保険優先原則）されるが，低所得の

高齢障害者の場合，介護保険サービス利用により自己負担が増えていることが課題になっていた。そのため，今回の改正では，65歳に至るまでの相当の長期間にわたり障害福祉サービスを利用してきた低所得の高齢障害者が引き続き障害福祉サービスに相当する介護保険サービスを利用する場合に，障害者の所得の状況や障害の程度等の事情を勘案し，当該介護保険サービスの利用者負担を障害福祉制度により軽減（償還）できる仕組みを設けた。⁽¹⁴⁾

また，2013（平成25）年4月から障害者の定義に難病患者などが追加され，障害福祉サービス等の対象になり，障害者手帳の所持有無にかかわらず，必要に応じて障害支援区分の認定などの手続きを経たうえで，障害福祉サービス等を利用できることとなった。⁽¹⁵⁾

そのほか，障害者の高齢化が進んでいることから従来の介護保険優先原則を見直し，一律に介護保険サービスを優先的に利用するものではなく，申請者の個別の状況に応じ，申請者が必要としている支援内容を介護保険サービスにより受けることが可能かどうかを判断することになった。また，市町村が適当と認める支給量が介護保険サービスのみによって確保することができないと認められる場合等には，障害者総合支援法に基づくサービスを受けることが可能である。さらに，障害者サービス固有のサービスと認められるものを利用する場合については，障害者総合支援法に基づくサービスを受けることが可能である。⁽¹⁶⁾

これらの課題に対応し，かつ地域共生社会の実現に向けた取り組みとして高齢者と障害児者が同一事業所でサービスを受けやすくする「共生型サービス」が介護保険と障害福祉制度に新たに位置づけられた。介護保険法の訪問介護・通所介護・（介護予防）短期入所生活介護については，障害者総合支援法もしくは児童福祉法の指定を受けている事業所からの申請があった場合，「共生型サービス」として指定を受けることができる。⁽¹⁷⁾

（2）難病の患者に対する医療費に関する法律

2014（平成26）年5月に成立した「難病の患者に対する医療費に関する法律」（難病法）は，2015（平成27）年1月から施行されている。難病法は，難病患者

の良質かつ適切な医療の確保，療養生活の質の維持向上を図ることを目的とする。難病法では，難病を発病の機構が明らかでなく，治療方法が確立していない，希少な疾病であって，長期の療養を必要とする疾病と定義し，幅広い疾病を対象として調査研究・患者支援等を推進している。そのうち，客観的な診断基準（またはそれに準ずるもの）が確立しており，厚生労働大臣が指定した「指定難病」は，医療費助成の対象となる。ただし，難病の医療費助成（特定医療費）の支給にあたっては医療保険制度，介護保険制度による給付を優先する（保険優先原則）⁽¹⁸⁾。

注

(1)　厚生労働省老健局（2021）「介護保険制度の概要」。

(2)　厚生労働省（2022）『令和 4 年版　厚生労働白書』348～349頁。

(3)　厚生労働省（2022）「介護保険事業状況報告の概要（令和 4 年 6 月暫定版）」。

(4)　厚生労働省（2022）「第98回社会保障審議会介護保険部会　資料 1　給付と負担に関する指摘事項について」。

(5)　厚生労働省「ケアマネジメントに係る利用者負担に関する昨年の介護保険部会での議論」資料（https://www.mhlw.go.jp/stf/shingi/2r9852000001tg46-att/2r985200 0001tgd7.pdf　2022年10月 1 日閲覧）。

(6)　(2)と同じ。

(7)　厚生労働省「地域包括ケアシステム」（https://www.mhlw.go.jp/stf/seisakuni tsuite/bunya/hukushi_kaigo/kaigo_koureisha/chiiki-houkatsu　2022年10月 1 日閲覧）。

(8)　厚生労働省「後期高齢者医療制度について」（https://www.mhlw.go.jp/bunya/shakaihosho/iryouseido01/info02d-35.html　2022年10月 1 日閲覧）。

(9)　厚生労働省（2014）「医療介護総合確保促進会議第 1 回（参考資料）地域における医療及び介護の総合的な確保について」（2014年 7 月25日開催）。

(10)　地方自治研究機構「ケアラー支援に関する条例」（http://www.rilg.or.jp/htdocs/img/reiki/023_carersupport.htm　2022年10月 1 日閲覧）。

(11)　厚生労働省「子どもが子どもでいられる街に。」（https://www.mhlw.go.jp/young-carer　2022年 9 月30日閲覧）。

(12)　(2)と同じ，175～176頁。

(13)　(2)と同じ，449頁。

⒁　(2)と同じ，450頁。

⒂　(2)と同じ，450頁。

⒃　厚生労働省社会・援護局障害保健福祉部障害福祉課（2021）「社会保障審議会障害者部会第116回　資料2　高齢の障害者に対する支援等について」。

⒄　⒃と同じ。

⒅　厚生労働省「難病対策：難病法の概要」（https://www.mhlw.go.jp/content/000527525.pdf　2022年10月1日閲覧）。

学習課題

①　あなたの家族に介護が必要になった時，どのような支援があるとよいか考え，関連する法律を調べてみよう。

②　家族に介護が必要になった時，どのような制度や施策を活用できるか整理してみよう。

キーワード一覧表

- [ ] **介護の社会化**　これまで家庭内・家族が担うことが当然とされてきた「介護」を，家族形態の変化などにより困難になったことから，社会全体で支えていこうとすること。　　　77

- [ ] **要介護認定**　介護サービスの必要度を判断するもの。コンピュータによる一次判定と介護認定審査会による二次判定からなる。　　　78

- [ ] **認定調査員**　市町村の職員，または市町村より委託された指定市町村事務受託法人で介護保険の認定調査を行う者。　　　79

- [ ] **介護認定審査会**　要介護認定の一次判定に対し，専門的な知見から判定を行う二次判定を行う機関として市町村に設置される。　　　79

- [ ] **介護保険審査会**　保険者である市町村が行った介護保険に係る行政処分に対する不服申し立て（審査請求）の審理・裁決を行う機関として各都道府県に設置される。　　　79

- [ ] **生活支援コーディネーター（地域支え合い推進員）**　市町村において高齢者の生活支援・介護予防の基礎整備を推進していくことを目的に活躍する者。80

- [ ] **PDCA サイクル**　Plan（計画），Do（実行），Check（測定・評価），Action（対策・改善）を繰り返して行うこと。　　　81

- [ ] **地域包括支援センター**　介護・医療・保健・福祉などの側面から高齢者を支える「総合相談窓口」のことで，介護保険法により定められている。設置の目的は，「地域住民の心身の健康の保持及び生活の安定のために必要な援助を行うことにより，その保健医療の向上及び福祉の増進を包括的に支援すること」となっており，これらに対応する職員として，保健師，社会福祉士，主任ケアマネジャーが配置されている。　　　81

- [ ] **介護離職**　家族の介護を理由に仕事を辞めること。1 年間で約9.9万人が介護離職している（離職者全体の1.8％に相当）。介護に集中できるなどのメリットがあるが，収入の減少による経済的不安などのデメリットもある。　　　83

- [ ] **ケアラー**　介護者のこと。家族や知人等に対して，無償で日常生活上の介護・世話等を行う人々のこと。　　　83

第 8 章

家族支援

本章の目的は，家族支援についての基本的知識と支援に必要な視点・方法を習得することである。近年，家族支援が社会的にも大きな課題となっている。認知症の人への介護，8050問題，ヤングケアラーなど家族介護が多様化するなか，それぞれの特性を踏まえた支援を展開することが重要である。家族支援に求められる視点・方法として，①「介護者」ではなく「社会に生きるひとりの人」として捉える，②家族全体をみて関係性を評価する，③多職種・多機関によりチームで支えることが挙げられる。家族支援は家族一人ひとりの権利擁護の問題でもある。要介護者のみならず，家族介護者にとっても「その人らしい生活」を送ることができる社会づくりが求められる。

1 高齢者と家族

（1）家族支援が求められる背景

2000（平成12）年4月に介護保険制度が施行された。厚生労働省によると，この間要介護認定者数は256万人（2000（平成12）年度）から669万人（2019（令和元）年度）へ約2.6倍増加した。介護を必要とする要介護認定者数の増加は，同時に介護する家族の増加を意味する。近年では，家族支援が社会的に大きな課題となっている。注目されるその背景には，大きく次の3点が挙げられる。

第一に，家族等の養護者による**高齢者虐待**の増加がある。養護者による高齢者虐待は年々増加し，2020（令和2）年度には1万7281件の虐待が起きている[1]。日本全国で1日あたり約47件の高齢者虐待が発生していることになる。時を変

え場所を変え，発生し続けている高齢者虐待を防止するためには，家族介護者の介護疲れやストレスの軽減を図るためレスパイトケア等の支援が求められる。

　第二に，仕事と介護を両立している就業者の増加が挙げられる。仕事をしながら介護をしている者は約290万人（2012（平成24）年）から約346万人（2017（平成29）年）に増えている。なかでも，介護・看護を理由とした離職（**介護離職**）は，過去1年間（2016（平成28）～2017（平成29）年）で約9.9万人みられた。[2][3]5年単位でみると約50万人が介護離職している。人口減少が進むわが国において，労働力確保の観点からも，介護者支援を推進し介護離職を軽減することが必要である。

　第三に，家族介護の多様化である。寝たきりの人や認知症の人の介護をしている家族への支援に加え，近年では，たとえば「8050問題」や「ヤングケアラー」といった社会的課題への関心も高まっている。家族全体をどう支援していくのか，解決に向けた取り組みが重要である。

　家族支援は，より本質的には家族介護者一人ひとりの権利擁護の問題でもある。超高齢社会のわが国において，要介護者のみならず家族介護者にとっても「その人らしい生活」を送ることができる社会づくりが求められている。

（2）家族による介護の状況

　厚生労働省「国民生活基礎調査[4]」によると，要介護者等がいる世帯は，「核家族世帯」が最も多く約4割を占める。次いで，「単独世帯」「その他の世帯」「三世代世帯」と続く（図8-1）。経年的な変化をみると，近年では「三世代世帯」が大幅に減少し，「核家族世帯」「単独世帯」が増加している。世帯の小家族化が進み，家族の介護力が相対的に弱い世帯が増えていることがわかる。

　主な介護者は，要介護者等と「同居」が最も多く，次いで「別居の家族等」「事業者」等の順であった（図8-2）。要介護者の在宅での暮らしは，介護保険制度が導入されて20余年経った今もなお家族に支えられている。

　同居の主な介護者の性別では，「男性」35.0%，「女性」65.0%であった。介護者の年齢は，男女とも「60～69歳」が約3割を占め最も多かった。「70～79歳」は2～3割，「80歳以上」も1～2割みられた。要介護者と主な介護者の

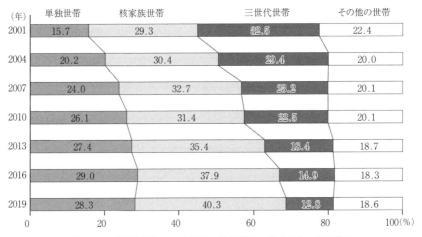

図8-1　要介護者等のいる世帯の世帯構造の構成割合の年次推移

出所：厚生労働省（2020）「2019年　国民生活基礎調査の概況」より筆者作成。

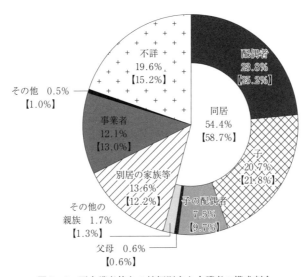

図8-2　要介護者等との続柄別主な介護者の構成割合

注：1）【　】は2016（平成28）年の数値である。
　　2）2016（平成28）年の数値は，熊本県を除いたものである。
出所：厚生労働省（2020）「2019年　国民生活基礎調査の概況」。

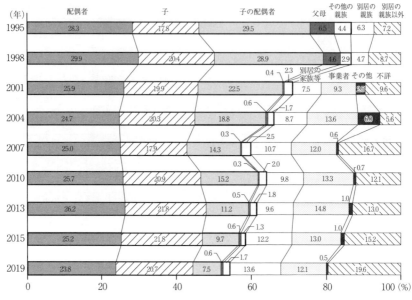

図 8-3　主な介護者の続柄の構成割合の年次変化

注：太枠内は同居。介護保険制度導入（2000年）以前は，同居以外の分類が異なる。
出所：厚生労働省「国民生活基礎調査」をもとに筆者作成。

年齢組み合わせをみると，「65歳以上同士」が59.7％，「75歳以上同士」も33.1％を占めた。介護する側もされる側も高齢者である老老介護も少なくない。

　同居の主な介護者の要介護者等との続柄は，「配偶者」23.8％，「子」20.7％，「子の配偶者」7.5％の順であった。経年的にみると続柄も変化している。1995（平成7）年は「子の配偶者」が約3割を占めていた。いわゆる「長男の嫁」が介護を担うことが多かったが，近年では「配偶者」と「子」の割合が相対的に高くなっている（図8-3）。

　同居の主な介護者の介護時間をみると，要介護度が重度なほど「ほとんど終日」介護している割合が高く，要介護5では6割弱を占めた（図8-4）。

　同居の主な介護者の悩みやストレスでは，「ある」68.9％，「ない」26.8％であった。[5]「あり」の割合は「男性」62.0％，「女性」72.4％で，女性で高かった。悩みやストレスの原因をみると，「家族の病気や介護」や「自分の病気や介護」などの割合が高かった（図8-5）。

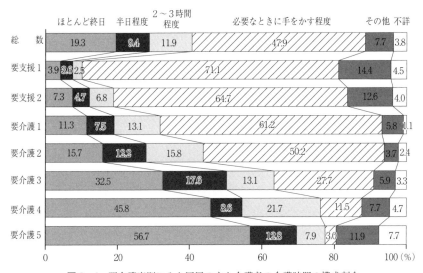

図8-4　要介護度別にみた同居の主な介護者の介護時間の構成割合

注：「総数」には要介護度不詳を含む。
出所：厚生労働省（2020）「2019年　国民生活基礎調査の概況」。

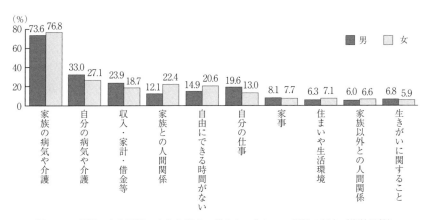

図8-5　性別にみた同居の主な介護者の悩みやストレスの原因の割合（複数回答）

注：熊本県を除いたものである。
出所：厚生労働省（2017）「平成28年　国民生活基礎調査の概況」。

2　多様な家族介護

　家族による介護と一口にいっても，多様な家族介護の実態がある。以下では，「認知症の人への介護」「8050問題」「ヤングケアラー」を取り上げる。

（1）認知症の人への介護

　認知症は介護が必要になった原因の第1位である。介護保険が導入されて間もない2004（平成16）年当時は，「脳血管疾患」「高齢による衰弱」「転倒・骨折」が上位を占め，認知症は第4位であった。2016（平成28）年から認知症が第1位となり，今では介護が必要になった原因の17.6％を占めている。2025年には65歳以上の5人に1人が認知症といわれているなか，認知症の人を介護する家族介護者の増加が今後も見込まれている。認知症の人への介護は，介護者のストレスも高く疲弊しやすい。だからこそ介護者支援が重要となる。

　認知症の人を介護している家族は，「漠然とした不安がある」「イライラする」「気分が落ち込む」「何かに集中できない」「感情が不安定」などネガティブな感情を抱く傾向にあった。認知症の症状への対応で困っていることでは，「同じことを何度も聞かれる」「目が離せない」「興奮を鎮めるのが大変」「サービス利用を嫌がる」などの順で多かった。介護をするなかで生活に影響が出て困っていることでは，「気が休まらない」「自分の時間がもてない」「外出できない」などがあった。介護者の自覚症状は「睡眠不足」が最も多く，「肩こり」「腰や背中の痛み」が続いた。精神的にも身体的にも家族の負担感が高いといえる。

　認知症の人への介護の特性として，まず，認知機能の低下により認知症の人とコミュニケーションが図りにくい点がある。たとえば，家族介護者が言っていることを理解してもらえず同じことを何度も聞かれる，認知症の人から介護に対するねぎらいの言葉をかけてもらうことが少なくなるなどである。また，日常生活のあらゆる場面で様々な困り事も発生する。外出して帰ってこれない，買い物でお金を支払えない，料理での火の使用への心配，トイレの場所が

わからないなど日常生活全般にサポートを要する。さらに，これまでと現在の認知症の人の変容を家族が受け止めるのに時間が必要である。家族介護者がとまどい・混乱しているのか，あるいは理解・受容しているのか，**家族介護者の心理ステップ**⁽⁷⁾を見極めることが重要である。家族介護者のストレス軽減には，安心して本音を吐き出せ，同じ立場だからこそ共感し合えるピアカウンセリングの場づくりが効果的である。

（2）8050問題

　8050問題とは，「『高齢の親』と『壮年期の子ども』の同居から生じる社会的な課題」である⁽⁸⁾。具体的には，80代の高齢の親が50代の無職やひきこもり状態の子どもと同居し，経済的な困窮や社会的孤立に至る世帯のイメージである。1980年代に10～30代の子のひきこもり問題だったものが長期高年齢化し，40～50代となった現在，8050問題として表面化してきたものである。

　8050問題は，高齢の親の介護問題をきっかけに介護サービス関係者が家に入り，そこではじめてひきこもり状態の子の存在を知る事例も少なくない。筆者らが2022（令和4）年に行ったA市B区の居宅介護支援事業所（n＝62）と地域包括支援センター（n＝3）を対象にした調査（回収率72.3%）でも，約75%の事業所が8050問題のある世帯を現在支援し，1事業所あたり4.2世帯を担当していた。顕在化している問題として，「介護問題」「ネグレクト」「世帯の経済的困窮」が上位を占めた。ケアマネジャーと介護サービス事業所や行政との連携は図れていたが，障害分野等の関係機関との連携は十分ではなかった。親世代の支援終了に伴い，子世代への支援が途切れやすいことも課題といえる。

　8050問題がある世帯は，ひきこもりだけでなく，生活困窮や介護，障害など複数のニーズが複雑に絡み合っているケースが多い。また，これまでの経緯からも，地道な関係づくりが必要であったり，支援に時間がかかったりすることもある。8050問題のある世帯の社会的孤立を防ぐためにも，地域のなかで介護（高齢），障害，福祉，医療など多職種・多機関連携し役割分担しながら**伴走型支援**を行うことが求められる。

（3）ヤングケアラー

　ヤングケアラーとは，「本来大人が担うと想定されている家事や家族の世話などを日常的に行っている子ども」を指す。具体的には「障害や病気のある家族に代わり，買い物・料理・掃除・洗濯などの家事をしている」「家族の代わりに，幼いきょうだいの世話をしている」「目を離せない家族の見守りや声かけなどの気づかいをしている」「アルコール・薬物・ギャンブル問題を抱える家族に対応している」などがある。祖父母の介護だけでなく，精神疾患等を持つ親，幼いきょうだいの世話も含まれる。

　全国調査によると，中学2年生で5.7%，高校2年生（全日制）で4.1%がヤングケアラーに該当した。実に中高生の約20人に1人に相当する。世話を必要としている家族は，中高校生ともに「きょうだい」（中学61.8%，高校44.3%）が最も多く，「父母」（同23.5%，29.6%），「祖父母」（同14.7%，22.5%）と続いた。世話をしている頻度は「ほぼ毎日」が約半数を占め，平日1日あたりに世話に費やす時間は中学2年生で平均4.0時間，高校2年生で平均3.8時間であった。

　家族の世話をしていることは学校生活にも大きな影響を及ぼす。学校を欠席，遅刻や早退することが多くなったり，忘れ物をしたり，宿題をしてこない，学力がふるわない，部活などの課外活動ができないなどである。また，ヤングケアラーの特徴として，①自分の家庭のことしか知らず，家族のケアをするのは当然のことと思い助けを求めないことが多い，②ケアや日常の出来事，気持ちをわかり合える相手が少なく，自分の経験を他者と共有する機会が不足しがちである，③子ども自身の将来の選択に大きな影響を与え得る点がある。ヤングケアラーの問題は子どもの人権にかかわる問題である。十分な教育機会を提供し，子どもらしく過ごせる生活環境を保障するため，学校・福祉・医療の地域での連携体制を構築することが重要である。

3　家族支援に求められる視点と方法

（1）「介護者」ではなく「社会に生きるひとりの人」——介護者支援の4つのモデル

　家族支援者への支援のあり方を考える際に大きな示唆を与えてくれるのが，介護者支援の4つのモデルである。以下では木下の翻訳に基づき説明する。

　第1モデルの「主たる社会資源としての介護者」では，介護者がケアをするのは当然とみる立場である。関心は要介護者に置かれ，介護者は無料の資源とみなされる。第2モデルの「介護協働者としての介護者」は，介護者は専門職と協働してケアに従事する人として認識される。要介護者の状態を改善することが双方に共有された目的で，介護者の負担も考慮されるがこの目的の範囲においてである。第3モデルは「クライエントとしての介護者」であり，要介護者だけでなくその介護者自身も援助の対象者とする考えである。介護者のストレスを軽減し，その結果高いモラールで介護役割を継続的に果たせることが期待される。様々な形でのレスパイトケアが大きな効果を出せるのもこのモデルである。第4モデルは「介護者規定を超えた介護者」である。介護状況にある要介護者と介護者を切り離し，介護者を「介護者」という視点ではなく社会に生きるひとりの市民として捉える立場である。家族として理解し，介護者という見方に付随する責任や義務感などの負担を課さない。それぞれを個人として位置づけ，個別的に支援するものであり，このモデルが理想的とされている。

　湯原が指摘しているように，わが国の介護者支援は，要介護者の在宅生活を継続するために日常的なケアが必要であり，その意味において介護者の支援が重要であると捉えられているように思われる。しかし，介護者支援の目的はそこにとどまるべきではなく，人が介護役割を引き受けることにより生活の質（QOL）が低下したり，社会的に活躍する機会を失ったりすることについても重要な課題と捉えるべきであろう。今後，このモデルに基づき，介護者支援の認識をより上位のモデルへと深化させることが求められる。

（2）家族全体をみて，関係性を評価する

　ひとたび家族の誰かが病気や要介護状態となれば，その影響は必ず家族内に波及する。それは家族が相互作用のなかで日々生活しているからである。家族は各々の構成員によって構成される。家族システム論に基づけば，構成員それぞれをみるのではなく，全体（システム）として家族をみることが重要である。システムとは，「複数の要素が有機的に関係し合い，全体としてまとまった機能を発揮している要素の集合体」である。相互作用のなかで，家族はシステムとして安定したり変化したりする。

　もうひとつ，家族間での関係性を見極めることも重要である。家族には各々長い歴史がある。たとえば，介護がはじまるまでの要介護者と主介護者との関係性，現在の要介護者と主介護者との関係性，家族間のパワーバランス，連合関係，葛藤関係などである。これまでの経緯も含めて，時間軸のなかで家族の関係性を理解する視点が必要である。

（3）多職種・多機関連携によりチームで支える

　先に述べたように，現代社会において，認知症の人への介護，「8050問題」やヤングケアラーなど多様な家族介護の実態がある。たとえば，「8050問題」のある世帯では子世代のひきこもり，生活困窮，親世代の介護，社会的孤立など複合的なニーズを抱えている。ヤングケアラーも，祖父母の介護，親の看病，幼いきょうだいの世話などで，子どもが子どもらしく過ごす時間や教育的機会の損失につながっている。

　これらの複合的な課題を解決するためには，単一の事業所・機関ではもはや対応できない。介護（高齢），障害，福祉，医療，学校など，地域のなかで多職種・多機関が連携し，役割分担をしながら家族全体をチームで支えていく必要がある。地域のなかでの多職種・多機関の顔の見える関係づくりが求められている。

注

⑴　厚生労働省（2021）「令和 2 年度『高齢者虐待の防止，高齢者の養護者に対する支援等に関する法律』に基づく対応状況等に関する調査結果」（https://www.mhlw.go.jp/content/12304250/000871876.pdf　2022年 7 月10日閲覧）。

⑵　総務省（2013）「平成24年　就業構造基本調査　結果の概要」（https://www.stat.go.jp/data/shugyou/2012/pdf/kgaiyou.pdf　2022年 7 月10日閲覧）。

⑶　総務省（2018）「平成29年　就業構造基本調査　結果の概要」（https://www.stat.go.jp/data/shugyou/2017/pdf/kgaiyou.pdf　2022年 7 月10日閲覧）。

⑷　厚生労働省（2020）「2019年　国民生活基礎調査の概況」（https://www.mhlw.go.jp/toukei/saikin/hw/k-tyosa/k-tyosa19/index.html　2022年 7 月10日閲覧）。

⑸　厚生労働省（2017）「平成28年　国民生活基礎調査の概況」（https://www.mhlw.go.jp/toukei/saikin/hw/k-tyosa/k-tyosa16/index.html　2022年 7 月10日閲覧）。

⑹　認知症の人と家族の会（2020）「令和元年度老人保健事業推進費等補助金　老人保健健康増進等事業　認知症の人と家族の思いと介護状況および市民の認知症に関する意識の実態調査」（https://alzheimer.or.jp/wp-content/uploads/2020/04/rouken2019.pdf　2022年 7 月20日閲覧）。

⑺　認知症の人と家族の会愛知県支部編（2012）『介護家族をささえる——認知症家族会の取り組みに学ぶ』中央法規出版。

⑻　川北稔（2019）『8050問題の深層——「限界家族」をどう救うか』NHK 出版。

⑼　厚生労働省「子どもが子どもでいられる街に。」（https://www.mhlw.go.jp/young-carer/　2022年 7 月10日閲覧）。

⑽　三菱 UFJ リサーチ＆コンサルティング（2021）「令和 2 年度　子ども・子育て支援推進調査研究事業　ヤングケアラーの実態に関する調査研究報告書」（https://www.murc.jp/wp-content/uploads/2021/04/koukai_210412_7.pdf　2022年 7 月 1 日閲覧）。

⑾　青木由美恵・澁谷智子・田中悠美子ほか（2017）「藤沢市ケアを担う子ども（ヤングケアラー）についての調査《教員調査》報告書」日本ケアラー連盟。

⑿　青木由美恵（2018）「ケアを担う子ども（ヤングケアラー）・若者ケアラー——認知症の人々の傍らにも」『認知症ケア研究誌』2，78〜84頁。

⒀　Twigg, J. & Karl, A. (1994) *Carers Perceived: Policy and Practice in Informal Care,* Taylor & Francis.

⒁　木下康仁（2007）『改革進むオーストラリアの高齢者ケア』東信堂。

⒂　湯原悦子・尾之内直美・伊藤美智予ほか（2013）「介護者セルフアセスメントシートの開発」『日本認知症ケア学会誌』12(2)，490〜503頁。

学習課題

① あなたが住む地域において，認知症の人を介護している家族が活用できる社会資源（フォーマル／インフォーマル）にはどのようなものがあるか調べてみよう。

② 家族介護者が同じような立場の人たちと話すことに，どのような効果が期待できるか考えてみよう。

キーワード一覧表

☐ **高齢者虐待**　高齢者虐待には，①身体的虐待，②介護放棄（ネグレクト），③心理的虐待，④性的虐待，⑤経済的虐待の５類型がある。家族等の養護者によるものと養介護施設従事者等によるものの２つに大別される。　　　89

☐ **レスパイトケア**　在宅生活をしている障害児・者や高齢者等をケアする家族介護者の休息やリフレッシュを目的とした支援のことである。主なものとして，介護サービスのショートステイやデイサービス等がある。　　　90

☐ **介護離職**　家族の介護を理由に仕事を辞めること。１年間で約9.9万人が介護離職している（離職者全体の1.8％に相当）。介護に集中できるなどのメリットがあるが，収入の減少による経済的不安などのデメリットもある。　　　90

☐ **家族介護者の心理ステップ**　認知症の人を介護している家族がたどる心理ステップには，第１：驚き・とまどい・否認，第２：混乱，怒り・拒絶・抑うつ，第３：あきらめ，開き直り，適応，第４：理解，第５：受容がある。介護者の心理プロセスをあくまでモデル的に示したものである（認知症の人と家族の会）。　　　95

☐ **8050問題**　80代の親と無職やひきこもり状態の50代の子が同居する世帯が，生活困窮や介護，社会的孤立などの様々な問題を抱えること。親世代の介護問題をきっかけにして表面化することも少なくない。　　　95

☐ **伴走型支援**　深刻化する社会的孤立に対応するため「つながり続けること」を目的とする支援である。「伴走型支援」と「問題解決型支援」は，今後の地域共生社会における支援の両輪である（日本伴走型支援協会）。　　　95

☐ **ヤングケアラー**　本来大人が担うと想定されている家事や家族の世話などを日常的に行っている子どものことを指す。たとえば，祖父母の介護だけでなく，精神疾患を持つ親や幼いきょうだいの世話なども含まれる。　　　96

☐ **介護者支援の４つのモデル**　第１モデル：主たる社会資源としての介護者，第２モデル：介護協働者としての介護者，第３モデル：クライエントとしての介護者，第４モデル：介護者規定を超えた介護者の４つがある。　　　97

第 9 章

福祉機器・用具と住宅改修

　本章では，高齢者や障害者の自立支援に欠かすことのできない福祉機器・用具や住宅改修について学ぶ。まず，福祉機器・用具や住宅改修と自立支援の関連および福祉用具利用の要点を解説する。次に，高齢者や障害者にかかわる福祉制度によって利用できる福祉機器・用具や住宅改修について確認する。最後に，介護分野における ICT や介護ロボット等の先端技術応用について，導入の現状や具体例，今後の課題を整理する。高齢者や障害者が福祉機器・用具等をどのように活用すればよいか，既存の制度や先端技術を応用したテクノロジーの発展についても捉え，今後の展開や福祉専門職の役割について考えてもらいたい。

1　生活を支える福祉機器・用具および住宅改修と専門職

（1）環境整備の重要性

　高齢者や障害者が福祉機器・用具を活用することについて理解を深めるために，近視用の眼鏡を想像してみよう。子どもから高齢者まで，視力が低く生活に支障があると眼鏡で視力を補完する。黒板が見えづらいから前方の席に移動するといった環境の工夫も可能である。スポーツをする時はずり落ちにくい形状の眼鏡を着用したりコンタクトレンズに替えたりと，視力の補完以外の機能も付加できる。眼鏡フレームの形状や材質を工夫したり，カラーコンタクトレンズで虹彩や瞳孔の色，形を変化させたりと，ファッションやメイクアップの一部にもなる。同じように，高齢者や障害者の身体状態や機能によって生活に

支障がある場合，福祉機器・用具という手段を活用したり住宅改修によって環境を調整することで，身体機能を補完できる。

　高齢になり足腰が弱くなった，あるいは交通事故の後遺症で下肢に力が入らないケースを考えてみよう。つえ・歩行器・車いすといった福祉用具を心身の状態や状況に応じて活用することで，下肢の機能を補完して移動が可能となる。たとえば，車いすであれば，サイズ等を調整できるモジュール型車いすや，利用者本人が最小限の力で動かせる電動車いす等，付加機能も多種多様である。フレームの形状やパーツの色，全体のデザインでファッション性を高めたモデルもある。自宅内では玄関や廊下，トイレ等の必要な箇所に手すりを設置したり，それに滑り止めの機能を付加したり，色や材質でインテリア性を考慮するなど，様々な工夫が可能である。

（2）自立支援と福祉用具の安全な利用

　生活に何らかの支障がある場合に物理的な手段を活用したり環境を調整することは，身体機能を補完して生活を拡張することに直結する。これは，「**自立支援**」において重要な役割を果たす。「自立支援」とは，高齢者や障害者が自分ひとりで何かをすることだけではなく，本人にできることが維持・拡張されるようにかかわりながら，本人が何かを選択することや，必要に応じて別の方法で機能を補完することであり，介護実践における重要な視点のひとつである。

　①　介護実践における「自立支援」の考え方

　専門職として福祉用具・機器や住宅改修にかかわる場合，自立支援の視点を踏まえた確かな知識・技術による支援が求められる。利用者の身体的・精神的・社会的状況を鑑み，どの福祉機器・用具や住宅改修をどのように活用することが自立支援につながるかを検討する必要がある。歩行が難しいから車いすを利用する，階段昇降が難しいからスロープを設置する，といった画一的な判断は，逆に本人の自立を阻害してしまう可能性がある。対象者一人ひとりの状況・状態に応じた適切なアセスメントと計画，モニタリングが必要である。

　②　身体に合わない福祉用具を利用する危険性

　高齢・障害といった状態にかかわらず，専門的な知識を持たない要介護者本

人や家族等が適切な福祉用具を選定することは容易ではない。街中で高齢者が使用しているつえも福祉用具の一種だが，それを選定するために専門的な知識が必要であることはあまり認知されていないだろう。「歩けるけれど億劫だから車いすを使いたい」といった福祉用具の過剰な利用や，本人の体格・状態・障害に適さない機器・用具を使用することは，自立支援を阻害して事故・けがのリスクを増大させることにつながる。そのため，福祉用具等を借りたり購入したりする際には，専門機関（専門職）へ相談をすることが望ましい。

（3）福祉用具を適切に利用するために必要なこと

①　福祉用具の利用相談窓口と専門職

高齢者であれば地域包括支援センターや市区町村の高齢支援課，障害者であれば基幹相談支援センターや市区町村の障害支援課等で，福祉用具や住宅改修の活用，他の公的制度や福祉サービスの必要性についてもあわせて相談できる。

介護保険法による福祉用具貸与または販売は，「**福祉用具専門相談員**から，福祉用具に関する専門的知識に基づく助言を受けて行われる」（介護保険法施行令第4条から一部抜粋）と規定されている。福祉用具専門相談員は，次の(1)～(8)いずれかの有資格者，もしくは(9)所定の講習を修了した者である。(1)保健師，(2)看護師，(3)准看護師，(4)理学療法士，(5)作業療法士，(6)社会福祉士，(7)介護福祉士，(8)義肢装具士，(9)都道府県知事が指定する事業者により行われる福祉用具専門相談員指定講習を修了し，修了した旨の証明書の交付を受けた者。

②　福祉用具を使用する際のアセスメント

福祉機器・用具の導入や住宅改修には，利用者の年齢，身長，体重，現病や既往歴，障害の状況，日常生活動作の状況，住環境，生活圏や移動手段，世帯構成や介護者の状況，本人が望む生活，困っていることなどを総合的に把握することが求められる。利用者本人や家族からの聞き取り，関係している専門職からの聞き取り，利用者宅への訪問調査が必要となる。それらの情報をもとに，利用者本人や家族の希望を踏まえ，他の専門職から意見を聞きながら，利用者の心身状態や生活環境に最も適した福祉機器・用具や住宅改修を選択する。

③　福祉用具サービス計画の作成

　福祉機器・用具は同じ種目でも多様な製品が開発されている。福祉用具貸与では，貸与の候補となる福祉用具について利用者にカタログ等を示しながら，その種目の機能や使用方法，価格帯や利用料等に関する情報を提供し，利用者本人や家族が福祉用具を選定するに足りる説明をする必要がある。

　利用者が福祉用具を選定したら，福祉用具サービス計画を立案する。利用者にとっての「福祉用具利用計画」であり，その福祉用具が必要な理由，福祉用具を利用することでどのような生活が望まれるか（目標），選定した福祉用具の機種と当該機種を選定した理由などを記載する。

④　身体状況の変化と福祉用具の利用のモニタリング

　福祉用具サービス計画に基づき福祉用具の利用が開始してからも，利用者の状態や環境の変化に合わせて再選定や調整をする必要がある。身体状況に合わない福祉用具を使ったり，使い方が正しくなかったり，メンテナンスを怠ったりすると，事故・けがにつながりかねない。福祉用具専門相談員等の専門職が定期的にモニタリングを行って，使用状況の確認や，心身状態・生活環境に変化がないか，福祉用具に異常がないかなど確認・点検を行う必要がある。

　以上のように，福祉機器・用具の利用にあたっては，利用者の情報から課題や必要な支援をアセスメントし，福祉用具を選定，計画を立案する。利用開始後には随時モニタリングを行い，PDCA サイクルを繰り返していく。

2　福祉制度による福祉機器・用具および住宅改修の活用

（1）福祉機器・用具

①　福祉用具貸与（介護保険法）

　福祉用具貸与は，利用者が「その居宅において自立した日常生活を営むことができるよう」になることを目的に，介護保険制度により福祉用具を借りられるサービスである。以下の種目について，利用者負担1～3割で借りることができる。利用限度は，要介護度ごとの区分支給限度基準額である。

歩行補助つえ＊，歩行器＊（図9-1），手すり＊，スロープ＊，車いす，車いす付
属品，移動用リフト（つり具部分を除く）（図9-2），特殊寝台，特殊寝台付属品，
体位変換器，床ずれ防止用具，認知症老人徘徊感知機器，自動排泄処理装置
※　要支援，要介護1の利用者は原則として＊印のみ利用できる。

　福祉用具は，利用者の状態変化や福祉用具の機能向上に応じて適切なものを
提供できるよう，「貸与」が原則である。たとえば，はじめは歩行補助つえを利
用しており，下肢筋力が低下したら歩行器に変更，歩行が難しくなったら車いす
を利用する。移動に係る種目が多く，これらを適切に活用することで寝返り，起
き上がり，立ち上がり，歩行（移動）等の場面で利用者の自立支援につながる。
　②　特定福祉用具購入（介護保険法）
　他人が利用した福祉用具を再利用することに抵抗感が伴うもの，使用によっ
て形態・品質が変化して再利用できないものは「貸与」になじまない性質であ
るとして，介護保険制度による**特定福祉用具購入**の対象となる。以下の種目に
ついて，利用者負担1〜3割で購入することができる。利用限度は，支給限度
基準額年間10万円である。

入浴補助用具（入浴用いす，入浴台，浴槽用手すり，浴室内・浴槽内すのこ，浴槽
内いす，入浴用介助ベルト），腰掛便座（移動可能式・水洗式，和式便器腰掛式，
補高便座，昇降便座）（図9-3），自動排泄処理装置の交換可能部品，排泄予測支
援機器，簡易浴槽，移動用リフトつり具（スリングシート）

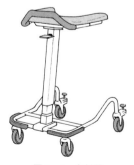

図9-1　歩行器

図9-2　移動用リフト

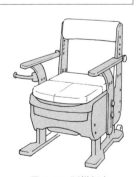

図9-3　腰掛便座

　たとえば，入浴補助具を活用することで，本人の身体機能を活かしながら安全に入浴できる。補高便座で座面高を補正することで立ち座りがしやすくなる。トイレの利用が何らかの事情で難しい場合にも，オムツ交換ではなく移動可能式腰掛便座（ポータブルトイレ）を活用できる。利用者の尊厳を保持しながら，それぞれの場面で自立支援につながる。

　③　補装具（障害者総合支援法，自立支援給付）

　障害者総合支援法では，身体障害者の身体機能を補完・代替する**補装具**として，次に示す種目が給付対象となっている。これは「購入」が原則である。障害児の成長に伴い短期間で交換するもの，障害の進行により短期間の利用が想定されるものなどは，利便性に照らして「貸与」が適切なものとして貸与対象となる（＊印）。利用者負担は応能負担である。サービス量に応じた定率の利用者負担を応益負担，利用者の負担能力に応じた設定を応能負担という。

義肢＊，装具＊，座位保持装置＊，車椅子，電動車椅子，歩行器＊，歩行補助つえ，義眼，眼鏡，視覚障害者安全つえ，補聴器，人工内耳（人工内耳用音声信号処理装置修理），重度障害者用意思伝達装置＊

障害児のみ：座位保持椅子＊，起立保持具，頭部保持具，排便補助具

　補装具には，四肢欠損のための義肢（義手や義足），聴覚障害のための補聴器などがある。補装具により身体機能が補完・代替され，視聴覚や意思伝達，移動等の機能が拡張されることで，自立支援や生活の質の向上に直結する。

　④　日常生活用具（障害者総合支援法，地域生活支援事業）

　重度障害者等の日常生活がより円滑になるための**日常生活用具**を給付または貸与するものとして，障害者総合支援法により以下の種目が対象となっている。市町村が行う地域生活支援事業の必須事業であり，利用者負担は市町村が決定する。

・介護・訓練支援用具（特殊寝台，特殊尿器，移動用リフト等）

・自立生活支援用具（入浴補助用具，便器，頭部保護帽等）

・在宅療養等支援用具（ネブライザー，電気式たん吸引器等）

・情報・意思疎通支援用具（携帯用会話補助装置，人工喉頭，点字器等）

・排泄管理支援用具（ストーマ装具，収尿器等）

　日常生活用具には，自力でたんの排出が困難な障害者のための電気式たん吸引器，喉頭摘出や気管切開等で声帯からの発声が困難な障害者のための人工喉頭（発声補助器具）などがある。重度障害者の生活における安全，自立支援に必要な機器・用具である。

（2）住宅改修

①　バリアフリー

　バリアフリーはもともと，道路や建物入口の段差解消などの物理的な障壁（バリア）をなくすという意味で用いられてきた。現在では，高齢者・障害者に限らず，社会参加を困難にしている何らかのバリア（障壁）を解消することを指す。バリア（障壁）には，物理面，制度面，情報面，意識面のバリアがある。住宅改修は，高齢者・障害者に配慮した物理面の環境調整である。

②　住環境への配慮

　加齢に伴う身体的な変化や身体障害については，福祉機器・用具の活用だけではなく物理的な環境を整えることも必要である。下肢の障害や筋力低下，すり足歩行などには，滑りにくい床面や敷物，段差の解消，引き戸の設置（開き戸の方が前後の体重移動による負担が大きい），場所や状態に合わせた手すりの設置（廊下は横手すり，浴槽出入りは縦手すり，片麻痺の場合は健側に手すり）などが効果的である。視野や色覚の障害，白内障などには，視認しやすい色調の配慮（青・緑より赤・黄，コントラストを強める）が必要である。恒常性維持機能の低下により，気温変化による血圧変動で心疾患が起こる可能性も高まるため，脱衣場と浴室などの室温差をなくすことも重要である。

③　住宅改修（介護保険法）

　住環境の整備として，介護保険法では以下の種類の**住宅改修**が対象となる。必要な書類を添えて事前に申請し，工事完成後に領収書等を提出することで，住宅改修費の7〜9割が支給される（結果，利用者負担が1〜3割になる）。利用

限度は，支給限度基準額20万円である。ただし，要介護度が3段階以上上がったり転居した場合，再度20万円の限度額が適用される。

(1)手すりの取付け，(2)段差の解消，(3)滑りの防止及び移動の円滑化等のための床または通路面の材料の変更，(4)引き戸等への扉の取替え，(5)洋式便器等への便器の取替え，(1)〜(5)に付帯する工事

④　日常生活用具（障害者総合支援法，地域生活支援事業）

障害者総合支援法では，前項④と同一の事業で，重度障害者等の日常生活がより円滑に行われるよう以下の種目が対象となっている。市町村が行う地域生活支援事業の必須事業であり，利用者負担は市町村が決定する。

・居宅生活動作補助用具（住宅改修）
(1)手すりの取付け，(2)段差の解消，(3)床または通路面の材料の変更，(4)引き戸等への扉の取替え，(5)洋式便器等への便器の取替え等

3　介護分野でのICT・介護ロボット推進

（1）ICTや介護ロボットと科学的介護

日本では，2021（令和3）年にデジタル社会形成基本法が制定，デジタル庁が創設され，「誰一人取り残されない，人に優しいデジタル化」をスローガンに社会全体のデジタル化が推進されている。福祉分野では，実践現場でのICT活用，マネジメントシステムでのAI活用が進められている。特に介護分野では，介護人材不足を踏まえた生産性向上と関連してICTの活用・推進が強化されている。

①　IT，ICT，IoT，AI

IT（Information Technology：情報技術）は，一般的にコンピュータやスマートフォン等のハード，インターネット等のソフトを組み合わせて活用する技術の総称である。ICT（Information and Communication Technology：情報通信技術）は「コミュニケーション」が強調されているが，おおむねITと同義で用いられ

る。IoT（Internet of Things：モノのインターネット）はより近未来的で，あらゆるモノがインターネットにつながる状態や技術を指す。AI（Artificial Intelligence：人工知能）は人間の脳のような知的活動を行うシステムである。

②　遠隔地から見守るシステム

IoT は玄関の施錠・開錠や空調の管理，ペットのエサやりをスマートフォンからすべて操作できるようなものである。その活用により，遠方に住む親の介護をする子どもが，インターネットを通して間接的に親の生活を見守ることも可能である。たとえば，蛇口から水を出したか，電気ポットでお湯を沸かしたかといった日常生活に必要な情報がモニターされ，インターネットを通じてそれを確認することができる。IoT は今後よりいっそう活用が進む分野のひとつである。

③　科学的介護の実現に向けたデータ分析

全国の介護現場の情報を蓄積することで，エビデンスに基づく介護サービスの提供，支援の効果評価にもつなげることができる。厚生労働省は，科学的に妥当性のある情報を現場から収集するシステム（科学的介護情報システム：LIFE）によってデータの蓄積および分析を行い，現場へフィードバックすることで「科学的裏付けに基づく介護（**科学的介護**）」を推進しようとしている。

④　介護ロボットの導入・活用

先端技術を応用した介護ロボットについては国や都道府県による費用補助・助成を中心に，研究・開発，現場への導入が推進されている。厚生労働省は介護ロボット導入に係る相談窓口を含む「介護ロボットの開発・実証・普及のプラットフォーム事業」を実施したり，介護事業所における ICT 導入・普及セミナーの動画を YouTube で公開している。47都道府県では計64件（2022年現在）の介護機器導入に係る助成制度が設けられている[1]。

（2）先端技術を応用した介護ロボット等の具体例

超高齢社会である日本の市場を考えても，介護分野における ICT・介護ロボットは今後よりいっそう開発が進んでいくだろう。以下，いくつかの例を紹介する。

①　記録の電子化

利用者の支援経過をパソコンやスマートフォンで記録することで，記録時の効率化だけではなく，蓄積した情報によって利用者の状態や支援の頻度を分析し，より適切なケアを検討することができる。

②　排泄予測支援機器

利用者の腹部にパッドを常時装着することで，膀胱に尿がどの程度溜まっているかを測定できる機器である。それにより適切なタイミングで排せつの介護が行えると，ケアの質の向上，利用者の尊厳の保持，介護者の負担軽減にもつながる。介護保険制度による特定福祉用具購入の対象品目である（2022（令和4）年現在）。

③　介護支援用ロボットスーツ

メディアにも取り上げられ，「介護ロボット」と聞いてイメージしやすいタイプである。装着型スーツは，たとえば圧縮した空気の力を利用して，重い物を持ち上げる時の負荷を軽減できるものである。介護者の身体的負担軽減や腰痛予防に効果的であり，利用者は安全性の高い介護を受けることにつながる。

④　コミュニケーションロボット

コミュニケーションを主な用途とするロボットも開発されている。ロボットとのコミュニケーションによって認知症高齢者の不穏状態が改善されたり，外出が困難な障害者が分身ロボットを遠隔操作してカフェで接客に従事するなど，認知症状の改善から余暇活動，社会参加にまで寄与している。

（3）ICT・介護ロボット推進の現状と今後の課題

介護分野において ICT や介護ロボットを適切に活用できれば，利用者の生活の質が向上し，サービスの生産性向上にもつながる。一方で，その導入・推進は必ずしも捗っているとはいい難い。介護労働安定センター「令和2年度介護労働実態調査[2]」によると，介護保険サービス全体で介護ロボットを「いずれも導入していない」事業所は80.6％であり，その比率は近年大きな変化がない。

ICT や介護ロボットを導入する際の課題として，大きく2つの要因が挙げられる。ひとつは費用面である。介護ロボットを導入する費用を助成する制度

があり，導入によって結果的に生産性が向上して他の経費が削減できたとして
も，導入時に一定のコストを事業所・法人・利用者が負担しなければならない。
もうひとつは，介護現場における職員の意識である。ICT や介護ロボットに
対する苦手意識や先入観，新しい知識や技術の習得に対する負担感がある。そ
れを解消する教育・体制が整えられないことも課題として認識されている。[3]

　今後，介護福祉士・社会福祉士等の専門職が ICT や介護ロボットを推進す
る中核人材として，各々のリテラシーを高めながら組織の体制や風土をつくっ
ていくことが求められる。

注
(1)　介護ロボットの開発・実証・普及のプラットフォーム「令和 4 年度介護機器の導
　　入に係る助成制度一覧」(https://www.kaigo-pf.com　2022年 7 月 4 日閲覧)。
(2)　介護労働安定センター「令和 2 年度介護労働実態調査」(http://www.kaigo-
　　center.or.jp/report/2021r01_chousa_01.html　2022年 7 月 4 日閲覧)。
(3)　壬生尚美・森千佐子・永嶋昌樹ほか (2022)「介護老人福祉施設における介護ロ
　　ボット導入の現状と課題——郵送調査と訪問調査から」『老年社会科学』44(1),
　　19〜29頁。

参考文献
全国福祉用具専門相談員協会「介護保険対応　ふくせん版『福祉用具サービス計画
　　書』『モニタリングシート』」(http://www.zfssk.com/sp/1204_monitoring/index.
　　html　2022年 9 月 1 日閲覧)。

学習課題
①　福祉用具・機器の種類や，人々の生活に役立つ場面を調べてみよう。
②　介護保険法および障害者総合支援法において対象となる福祉機器・用具や住宅改
　　修，高齢者や障害者の住環境で配慮すべき点を整理してみよう。

キーワード一覧表

☐ **自立支援**　利用者が，他者への依存を最小限にしつつ，自己決定に基づいた主体的な生活を営めるよう支援すること。　102

☐ **福祉用具専門相談員**　介護保険法による福祉用具の貸与または販売は，福祉用具専門相談員から専門的知識に基づく助言を受けて行われるものと規定されている。所定の資格もしくは講習会修了が要件である。　103

☐ **福祉用具貸与**　介護保険法による福祉用具の貸与である。利用者負担は1〜3割（区分支給限度基準額内）である。歩行補助つえ，歩行器，車いす，移動用リフト，特殊寝台等がある。　104

☐ **特定福祉用具購入**　介護保険法による福祉用具の販売である。利用者負担は1〜3割（支給限度基準額10万円／年間）である。入浴補助用具，腰掛便座，排泄予測支援機器等がある。　105

☐ **補装具**　障害者総合支援法の自立支援給付による補装具の給付または貸与である（利用者負担は応能負担）。義肢，装具，義眼・眼鏡，補聴器，人工内耳，重度障害者用意思伝達装置等がある。　106

☐ **日常生活用具**　障害者総合支援法の地域生活支援事業による日常生活用具の給付または貸与である（利用者負担は市町村が決定）。介護・訓練支援用具，自立生活支援用具，在宅療養等支援用具等がある。　106

☐ **バリアフリー**　生活において障壁となるものを取り除いて生活しやすい環境にすることである。バリアフリー法（高齢者，障害者等の移動等の円滑化の促進に関する法律）においては，高齢者，障害者等の自立した生活を確保するために環境を整備することや国民の理解の増進を図ること等が目的とされている。　107

☐ **住宅改修**　介護保険法による住宅改修である。利用者負担1〜3割（支給限度基準額20万円）である。手すり，段差の解消，扉の取替え，便器の取替え等がある。　107

☐ **居宅生活動作補助用具**　障害者総合支援法の地域生活支援事業による日常生活用具のうち，住宅改修を行うものである（利用者負担は市町村が決定）。手すり，段差の解消，扉の取替え，便器の取替え等がある。　108

☐ **科学的介護**　「科学的裏付けに基づく介護」である。厚生労働省は，科学的に妥当性のある情報を現場から収集するシステム（科学的介護情報システム：LIFE）によってデータの蓄積および分析を行い，現場へのフィードバックを試みている。　109

第IV部

介護現場における
ソーシャルワークの支援過程

第 10 章

障害のある人に対する支援過程

　本章では，障害のある人（障害児・者）に対するケアの事例を通して，ケアワークにおけるソーシャルワークの視点とその支援過程を理解する。具体的な支援過程の展開のあり方や，障害児・者に対する在宅または施設・事業所における支援について理解を深めてほしい。支援にあたっては，障害児・者を中心に据えながら家族・保護者をも含めたケアが必要であり，その際 "いま（現在）" という限定的視点ではなく，"過去（生活歴）─現在（いま）─未来（夢・目標）" という俯瞰的な捉え方が必要である。障害児・者および保護者・家族等との認識の齟齬やリスクを回避するためにも，専門的な視点から，信頼関係を深めニーズや課題を理解し，アセスメントに基づき自律支援を保障できる柔軟かつ適切な支援が重要である。

1　障害児・者を取り巻く現状と課題

（1）障害児・者数の状況

　日本の人口は2010（平成22）年の１億2806万人をピークに年々減少の一途を辿っており，2022（令和４）年８月現在，１億2478万人となっている[(1)]。一方で，身体障害児・者，知的障害児・者，精神障害児・者の各施設への入院・入所者数は減少傾向にあるが在宅生活者数が大幅に増加しており，各種障害児・者の総数は年々増加しているといえる（図10-1）[(2)]。

　また，内閣府によると，日本全国で身体障害児・者436.0万人（内訳：18歳未満7.2万人，18歳以上419.5万人，年齢不詳9.3万人），知的障害児・者109.4万人（内

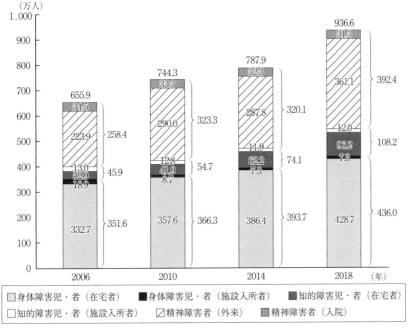

図 10-1　障害児・者数の推移

出所：厚生労働省編（2019）『平成30年版　厚生労働白書』日経印刷，4 頁。

訳：18歳未満22.5万人，18歳以上85.1万人，年齢不詳1.8万人），精神障害児・者
419.3万人（内訳：20歳未満27.6万人，20歳以上319.6万人，年齢不詳0.7万人）が在
宅や施設で生活している（表10-1）。

（2）地域共生社会と障害者の高齢化問題

　「65歳の壁（65歳問題）」は，障害者が65歳以上になると，これまで受けてき
た障害者福祉サービスから介護保険サービスに切り替わることで，単に別の施
設やサービスなどの利用を強いられるだけでなく，利用のための自己負担金が
増加し，受給できるサービス量や質が低下することで生活に支障をきたし生命
を脅かす状況に発展する可能性があることをいう。これは，障害者の日常生活
及び社会生活を総合的に支援するための法律（障害者総合支援法）の第 7 条に基
づき障害福祉制度と介護保険制度においては，それぞれ様々なサービスが設け

表 10-1　種別ごとの障害児・者数

（単位：万人）

		総　数	在宅者数	施設入所者数
身体障害児・者	18歳未満	7.2	6.8	0.4
	男性	—	3.2	—
	女性	—	3.4	—
	不詳	—	0.1	—
	18歳以上	419.5	412.5	7.0
	男性	—	215.8	—
	女性	—	196.3	—
	不詳	—	0.3	—
	年齢不詳	9.3	9.3	—
	男性	—	2.9	—
	女性	—	5.4	—
	不詳	—	1.0	—
	総計	436.0	428.7	7.3
	男性	—	222.0	—
	女性	—	205.2	—
	不詳	—	1.5	—
知的障害児・者	18歳未満	22.5	21.4	1.1
	男性	—	14.0	—
	女性	—	7.3	—
	不詳	—	0.1	—
	18歳以上	85.1	72.9	12.2
	男性	—	44.1	—
	女性	—	28.8	—
	不詳	—	0.1	—
	年齢不詳	1.8	1.8	—
	男性	—	0.6	—
	女性	—	0.6	—
	不詳	—	0.5	—
	総計	109.4	96.2	13.2
	男性	—	58.7	—
	女性	—	36.8	—
	不詳	—	0.8	—

		総　数	外来患者	入院患者
精神障害児・者	20歳未満	27.6	27.3	0.3
	男性	17.8	17.7	0.1
	女性	10.4	10.2	0.2
	20歳以上	391.6	361.8	29.8
	男性	155.1	141.5	13.6
	女性	236.8	220.6	16.2
	年齢不詳	0.7	0.7	0.0
	男性	0.3	0.3	0.0
	女性	0.3	0.3	0.0
	総計	419.3	389.1	30.2
	男性	172.2	158.5	13.7
	女性	247.1	230.7	16.4

出所：内閣府編（2021）『令和3年版　障害者白書』勝美印刷，247頁。

られているが，サービスの内容や機能面から，障害福祉サービスに類似する
（「相当する」）介護保険サービスがある場合には，原則として介護保険サービス
の利用が優先されることになる⁽⁴⁾という「介護保険サービス優先の原則」がある
からである。そのため，それまで受けていたサービスが受けられなくなったり，
急に負担が増えたりする不都合が生じている。

　そのような状況のなか，2015（平成27）年の社会保障審議会障害者部会の報
告書において，高齢化による障害者の心身機能の低下に伴い，従来の事業所の
体制・人員では十分な支援が行えなくなっていることや障害者を支援する親が
要介護者となっている問題が指摘され，①従来利用してきた障害福祉サービス
と同様の介護保険サービスを利用するにも関わらず，利用者負担が発生・増加
するといった問題の検討，②高齢化に伴い心身機能が低下した障害者に対応す
るための技術・知識を高めるため，障害福祉サービス事業所に対する研修に心
身機能の低下した障害者支援の手法などの位置付け，③高齢化に伴い重度化し
た障害者に対応することができる体制を備えた支援や日中活動を提供するサー
ビスの位置付けが喫緊の課題として提起され，グループホームの新たな類型
（日中サービス支援型）や自立生活援助や重度の障害者への支援を可能とする障
害サービス等の創設，「相談」「緊急時の受け入れ・対応」「医療機関との連携」
が可能となる拠点整備の重要性が提唱された⁽⁵⁾。

　そこで，厚生労働省は，縦割り行政サービスによる弊害を解消するため，介
護保険事業所および障害福祉事業所が介護保険と障害福祉のサービスを一体的
に提供できる「共生型サービス事業」を創設し，2018（平成30）年4月から施
行した。しかし，2020（令和2）年10月時点で，介護保険事業所が障害福祉共
生型サービスの指定を受けたのは739か所，障害福祉事業所が介護保険共生型
サービスの指定を受けたのは117か所にとどまり，当初の期待ほど広がってい
なかった⁽⁶⁾。

　さらに，厚生労働省は障害者の重度化・高齢化や「親亡き後」も見据えつつ，
障害児・者の地域生活支援を推進する観点から，2020（令和2）年度末までに
第5期障害福祉計画の策定に係る基本指針の成果目標において，各市町村また
は各圏域に「地域生活支援拠点等」を少なくとも1つ整備することを基本とす

る旨を定めるよう推進してきた。しかし，2019（平成31）年4月時点で，整備済市町村が332（全国市町村数：1724），整備済圏域が42（全国圏域数：116）であり，市町村で19.26％，圏域で36.21％しか整備されておらず，わが国が長年にわたり「ノーマライゼーション社会の実現」や「インクルーシブ社会（すべての人々が尊重し合い，支え合う共生社会）の実現」をスローガンに掲げながら，表面的な目標達成にとどまっていることが明確となっている。

2　法規定と言葉の定義

（1）介護の定義と法に規定された権利の整合性

　福祉用語辞典では，"介護"を「身体上または精神上の障害があるために日常生活を営むのに支障があるために対し，移動・入浴・排泄・食事等の生活機能の低下を補う援助をすること」と定義している。さらに介護福祉辞典では，"介護"を「身体的・精神的障害のために日常生活に支障がある場合に，日常生活行動の介助や身の回りの世話をすること」と定義している。これらの定義からいえることは，介護の対象者は，認知症・身体障害・精神障害・知的障害があり日常生活に支障のある高齢者であり，障害者であるといえる。また，年齢は定義されていないため，成人のみならず児童も含んでいるといえる。

　日本国憲法第13条で「すべて国民は，個人として尊重される。生命，自由及び幸福追求に対する国民の権利については，公共の福祉に反しない限り，立法その他の国政の上で，最大の尊重を必要とする」と明示されている。これは，すべての国民の個人の尊厳が保障され，反社会的行為や違法行為をしない限りは，**自由権**と**社会権**を保障するという意味である。自由権とは，憲法第19条に規定される「思想・良心の自由」，第20条に規定される「信教の自由」，第21条に規定される「表現の自由」などを意味し，こうした自由を保障するために，国などの権力が干渉することを禁止している。一方で社会権とは，憲法第25条に規定される**生存権**，第26条に規定される「教育を受ける権利」，第27条に規定される「勤労の権利」，第28条に規定される「労働基本権」などを包含し，単に国などの権力が干渉することを禁止するという意味だけでなく，国が積極

的に施策を進める責務をも包含している。

　事実，憲法第25条第1項では，「すべて国民は，健康で文化的な最低限度の生活を営む権利を有する」と明示され，すべての国民の生存権が保障されている。続く第2項では，「国は，すべての生活部面について，社会福祉，社会保障及び公衆衛生の向上及び増進に努めなければならない」と明示され，国が積極的に施策を進める責務が規定されている。

　生存権を"介護"の定義に照合し説明すると，「日常生活行動の介助（介抱）や身の回り（移動・入浴・排せつ・食事）の世話」といえる。しかし，具体的に介護とはいったいどういう行為や活動なのであろうか。介護行為を表す言葉として，まず ADL（Activities of Daily Living：日常生活動作）という言葉が使用され，食事・更衣・移動・排せつ・整容・入浴など"健康的な生活"を営むうえで不可欠な基本的動作・活動を指している。次に，IADL（Instrumental Activities of Daily Living：手段的日常生活動作）という言葉も使用され，電話やパソコン等の通信，買い物，家事，移動，外出，金銭の管理など"文化的な生活"を営むうえで不可欠な関連動作・活動を指している。つまり，ADL や IADL に関するケアや援助を行うことは，「健康で文化的な生活を営む」という生存権の保障を行うことであるといえる。

（2）自立と自律の定義と権利の整合性

　国語辞典では，"自律"は「他からの支配・制約などを受けずに，自分自身で立てた規範に従って行動すること」と定義されており，ケアや介護においては「自己決定」と捉えられ，主体性の尊重を意味する。一方で，"自立"は「他の助けや支配なしに自分一人の力だけで物事を行うこと。ひとりだち。独立」と定義されており，ケアや介護においては「当事者自身で行うこと」と捉えられ潜在能力や残存機能の活用を意味する。これらの定義からいえることは，広義の意味が自律，狭義の意味が自立であり，現在のケアや介護においては"自律"の概念が下層（基底）に置かれ，その上層に"自立"の概念があるということである。

　このことを現在の障害児・者支援に当てはめれば，家族と生活する障害児・

者の多くは本人の意向のみならず，保護者や家族の意向が尊重される場面も少なくない。また，自らの意思表示が難しい重度障害やコミュニケーション障害のある障害児・者本人に意向が十分に尊重された"自律のあり方"が保障され確立されているとは言い難い。仮に自らの意思表示ができたとしても，ICF（国際生活機能分類）の概念に則れば，障害の重症度，個人の状況（個人因子），人間関係・住環境（環境因子）などにより，ADL や IADL の状況（生活能力）が異なり，多くの障害児・者は他人からの援助や支援を受けて生活しているケースが多い（第6章参照）。完全に自立できている障害児・者のみを"自立"の認定対象とするのであれば，多くの障害児・者は既存の"自律"や"自立"の定義からはじき出され，障害児・者のなかに階級や階層を生み出すことにつながってしまうだろう。つまり，障害分野における"自律"や"自立"は，これまで一般的にいわれてきた意味では通用しないのである。

　しかし，これは障害児・者のみに適用されることなのであろうか。障害のない健常児・者と呼称される人々に当てはめても同様のことがいえるのではないか。まず"自律"という側面を考えてみると，幼少期には保護者の意向が重視され，思春期には進路決定などに保護者の意向が反映されることも少なくない。高齢になり身体的・精神的に問題を抱え要支援や要介護の状況になれば，家族の意向が反映されるだろう。次に"自立"という側面を考えてみても，幼少期には保護者に世話をしてもらわなければ生存が危うくなるし，高齢になり身体的・精神的に問題を抱える状況になれば，家族や専門職の支援や介護が必要になるし，それ以外の時期であっても病気やけがなどで療養が必要な状況となれば，家族や専門職の治療や介護などが必要となるケースも発生する。つまり，障害の有無にかかわらず，何らかの関係性や援助や支援を受けなければ，人間は成長も社会生活もできないのである。

　つまり，これまで一般的にいわれてきた"自律"や"自立"の意味を見直す必要があるのではないだろうか。いわば"自律"は「他からの擁護や代弁などを受けたり受けなかったりしながらも，自分自身の思いや規範に従って行動すること」，"自立"は「他からの援助や支援などを受けたり受けなかったりしながらも，存続したりひとりだちしたりすること」という定義にすれば，障害の

図10-2　自立と自律の関係

出所：筆者作成。

有無にかかわらず，誰しもに当てはまる意味となる。今後は，当然既存の枠組みも見直し，広義の"自律"を上位概念とし狭義の"自立"が下位概念として包含されることで（図10-2），多様性を尊重するグローバルな価値を受け入れる社会を目指すべきではないだろうか。

3　事例にみる支援の過程

（1）重症心身障害児と保護者の悲嘆と"障害受容"に向けた支援の事例

　事例1は，突然の疾病により重度の障害となった障害当事者と家族が悲嘆にくれる状態から，前向きに障害を受け入れるまでのプロセスの物語である。

事例1　藤内さん親子の障害受容のプロセス

　藤内弘昌さん（男性・32歳）は，1990年4月にA市で健常児として生まれたが，3歳の12月28日に高熱を出した。当時は，小児科医院や内科医院などの診療所は，クリスマスを過ぎると1月7日頃まで冬期休暇であった。そのため，急患の場合は救急車等を利用し大きな病院で診察を受けざるを得なかった。そこで，母の弘子さん（当時27歳）は，11月上旬に弘昌さんが風邪を引いてかかりつけ小児科のB医院を受診した際に処方された風邪薬（シロップ薬）の残りを弘昌さんに服薬させることにした。しかし，弘昌さんの容体は回復せず39度に熱が上昇したことから，弘子さんはB医院で「高熱が出たら使用してください」と処方された坐薬を使用することにした。

　坐薬の投与後，30分ほどすると，弘昌さんの熱は37度台に下がった。しかし，4時間ほど経つと，坐薬の効果が切れたのか，再び熱が39度台に上昇した。そのため弘子さんが再度坐薬を弘昌さんに投与すると，熱が再び下がるという状況であった。

坐薬がなくなるまで，弘子さんは坐薬を投与し，弘昌さんの熱の昇降は2日ほど繰り返し続いた。12月30日の夜，「これでも効果がなければ，明日の朝には救急車で弘昌を市民病院へ連れて行こう」と呟き，最後の坐薬を投与した。そして，仏壇に手を合わせ，「ご先祖様，仏様，神様，弘昌をお守りください」と祈願した。

　しかし，12月31日の未明に弘昌さんの唸り声で目を覚ました弘子さんは驚いた。横で寝ている弘昌さんが，白目をむいてけいれんしていたのだ。慌てて救急車を呼び，市民病院へ搬送し，緊急入院となった。病院では様々な処置が施されたが，弘昌さんは「インフルエンザ脳炎」を発症していたため，すでに手遅れだった。投与した坐薬はインフルエンザでは投与禁忌であり，坐薬を2日半にわたり投与したことで，大人に比べ小さな体の弘昌さんの脳にインフルエンザウイルスが蓄積され，インフルエンザ脳炎を発症していたのである。その後遺症により弘昌さんは重度の脳性麻痺となり，重症心身障害者となった。弘昌さんは，知的にも身体的にも重度障害となったため，かろうじて座位を保持できるものの，コミュニケーションをとることはできず，朝から夜まで涎を垂らしながら，「うーっ，うーっ」と唸っているのみであった。

　弘子さんは，弘昌さんが少しでも回復することを祈って，あちらこちらの医療機関に連れて行き，受診や治療を施したが，まったく効果がなかった。弘子さんは，受診の遅れが子どもの重度障害につながったことを悔やみ，「私が弘昌をこんな状態にしてしまった。なぜもっと早く救急車で，市民病院に連れて行かなかったのか……なぜ坐薬を投与し続けてしまったのか……私のせいで，弘昌の人生を無茶苦茶にしてしまった」と毎日のように自らを責め続けていた（孤独感と絶望感）。

　正月やお盆に弘昌さんを弘子さんや夫の実家に連れて行くと，同年代の甥や姪と会うことも多く，二度と元気な姿で遊びの輪に加わることができない弘昌さんを見ては涙を流し，子育てのことで話の合わない姉妹や親類との関係が疎遠になっていった。また，近隣地域での障害児に対する通所サービスが整っておらず，保育所，幼稚園を回り入園の希望を伝えたがすべての園で拒否されたため，近所の子どもたちが保育所や幼稚園に通うなか，弘昌さんは弘子さんと一緒に公園に行くことが唯一の愉しみとなっていった。しかし，公園や近隣では話しかけられることもほとんどなく，弘子さんも弘昌さんも公園で他の子どもたちや親子の遊ぶ様子をボーッと眺めているだけであった（親族関係や地域における孤立）。

　やがて，小学校就学の年齢になり，自宅から1時間かけて，弘昌さんはT特別支

援学校へ通うこととなった。弘昌さんにはじめての友達ができ，母の弘子さんも学校行事や PTA 活動などを通じて，他の保護者との交流を深め，様々な情報交換を行うことができるようになった。1998年には，A市でもレスパイトケア事業や障害児デイサービス事業を行うB障害児施設が誕生し，弘昌さんは春休みや夏休みなどに，障害児サービスを利用することになり，居住地域で重度障害児の仲間もできた。母の弘子さんは，B障害児施設の介護職員である倉橋さん（30代）が親身になり話を聴いてくれるので，強い信頼関係ができ，様々な相談に乗ってもらうことが多くなった（信頼関係の構築）。この頃から，弘子さんは，「いつまでも私がクヨクヨしていたらダメだわ。弘昌と一緒に前向きに生きていきたい」と話し，弘昌さんの存在や将来を前向きに捉えることができるようになり，親類との関係も改善していった（障害受容，関係性の再構築→孤立や孤独感の解消）。

　事例1では，長年にわたり障害受容ができなかった藤内さん親子が，介護職員である倉橋さんが親身になって傾聴しかかわることで障害受容ができ，前向きに生きることを決意できたのである。

　病気やけがなどが原因で障害のある状態になったり，何らかの理由で子どもや家族が障害のある状態になったりした際，“障害受容”という課題がある。これは，障害児・者自身の受容もあるが，保護者や家族の受容という意味もある。“障害受容”にかかる時間は，個々にそれぞれで，1～2年で受容できる人，5～10年かかる人もいれば，一生受容できない人もいる。一般的には，「障害がある状況や状態を受け入れること」が障害受容と思われがちであるが，関は“障害受容”を「永続する心身機能の変調とそれに伴って変化した社会生活機能の現実に対する適応過程のことである[12]」と定義している。

　つまり，“障害受容”とは，単に「障害を認識したり理解したりすること」「障害がある状況や状態を受け入れること」ではなく，「障害があっても，それを受け入れ乗り越え前向きに生きようとする状態」でなければ，本当の受容とはいえない。障害受容により，前向きな考えや行動へと変化し，生活環境や周囲との人間関係の改善が可能になっていくことで，障害児・者や保護者・家族の ADL や IADL の好転，QOL の向上につながる。その結果，社会的な孤立や孤独感から解放されていくのである。事例1のように，障害児・者をケアす

る介護者や保育者がかかわるなかで，障害児・者本人や保護者・家族の"障害受容"を促すための働きかけを行うことが非常に重要なのである。

　石井は，「自閉症児や認知症高齢者への支援を行う場合，表面に現れている行動や言動にとらわれずに，まず『なぜ，そのような行動をとるのか』『なぜ，そのような行動をとらざるを得ないように追い込まれているのか』と発想し，行動を受容し，認知の変容，心身の安定や行動の適正化に向けた課題設定と交流を図る。他の療法と異なり，受容的交流療法は，あらゆる日常的働きかけの中で活用することができる」と，"受容的交流療法"の活用を提唱している。

　対人援助の専門職である介護職やソーシャルワーカーなどがかかわるなかで，まずは障害児・者本人や保護者・家族との信頼関係を築き，障害受容が促進され，障害のある人が活き活きと生活できる地域社会（ノーマライゼーション）が確立されることが望まれる。

（2）障害者の自己決定と介護者の専門性に関する事例

　事例2では，高齢を迎え介護保険制度サービスを利用しなければならなくなった重度障害のある研究者と介護者との考えの相違から，理想の介護とは何かを考えていただきたい。

事例2　重症身体障害のある宇田川さんの選択

　宇田川聡さん（男性・65歳）は，中学時代の水泳授業でプールに飛び込んだ際，頭を強打したことが原因で，頸髄損傷となり，腋から下が完全麻痺となり，常に車いすが必要な重度障害者となった。スポーツが得意で勉強が苦手だった宇田川さんは，必死で勉強し，1975年に頸髄損傷の障害者としてはじめて国立大学に進学し，その後は大学院まで経済学を勉強し，経済学の博士号を取得した（生きがいの発見）。

　そして，1985年に，頸髄損傷の障害者としてはじめて国立大学の教員（研究者）となった。宇田川さんは，大学入学後からは家族と離れ，ひとり暮らしをし，身の回りの世話は学生ボランティアに依頼し，介護方法を自らボランティアに伝え，苦痛のない心地よい方法での介助を依頼していた。また，就職後は，学生ボランティアであった友人や知人が立ち上げた障害者支援事業所のサービスを利用し，宇田川

さんの生き方に賛同する介助ボランティアの人たちの支援を得て生活をしていた（自律生活の確立）。

　しかし，65歳になると，「介護保険サービス優先の原則」に従い，介護保険で対応できるサービスは，これまでのように障害者支援事業所からの提供を受給できなくなってしまった。そこで，Aヘルパーセンター（居宅介護事業所）の訪問介護サービスを利用した初日のことであった。訪問介護員歴20年の立花ヘルパー（介護福祉士・50歳）が，ボディメカニクスや介護理論に基づいて宇田川さんの介護をしようとした時，トラブルが発生した。

　宇田川さん　その介護のやり方をやめてほしい。こちらが望むやり方で介護してほしい。

　立花ヘルパー　私は，介護福祉士歴30年，ヘルパー歴20年で，常に介護理論を学び，最新の技術を駆使して介護を行い，表彰も受けています。一度私のやり方で介助をさせてもらえませんか？

　宇田川さん　私も障害者となって50年以上，色々な方法を試して，現在の心地よい介護のやり方に行きついている。専門性の押し売りはやめてほしい。

　立花ヘルパー　私は，利用者評価が最高のカリスマヘルパーとして，何度も表彰を受けています。専門性の押し売りではなく，専門的アセスメントに基づき，介護をしようとしているのです。

　宇田川さん　それは，立花さんの理屈であり，サービス提供者中心のケアの考えではないのですか。利用者中心のケアができないのであれば，帰ってほしい（人としての尊厳＝パーソン・センタード・ケア）。

　立花ヘルパーは，宇田川さんに一礼すると，スゴスゴと事業所に戻っていった。

　事例2では，50年以上障害のある者として生きるなかで試行錯誤により獲得してきた心地のよいケア方法を見出してきた宇田川さんに対して，カリスマ介護専門職を自負する立花ヘルパーが自らの専門性（理論・方法）を押しつけようとすることでトラブルが発生している。

　1980年代のイギリスにおいては，「認知症をもつ人＝何もわからなくなり奇妙な行動をする人」という考え方が支配的で，施設のなかでは，時間通りにオムツ交換や入浴介助が進むことを優先した流れ作業的なケアが行われる状況であった。社会心理学者であるキットウッド（T.M. Kitwood）は，ケア施設にお

いて参与観察し，人としての尊厳が傷つけられることが，彼らの状態の悪化に大きく影響していることに気づいた。たとえば，失敗した時に「こんなこともできないの？」と見下されたり，物を扱うように急に車いすを動かされたり，騒ぐからといって除け者にされたりすることが，ケア現場では日常的に見られる光景であった。そのような現場では，はじめは怒りをあらわにしていた人々も，次第にあきらめてテーブルに伏して過ごすようになり，最終的には生きる意欲さえ失くしてしまうことにつながっていた。そこで，キットウッドは，認知症をもつ人をひとりの「人」として尊重し，その人の立場に立って考えケアを行うこと（パーソン・センタード・ケア）の重要性を指摘した[14]。キットウッドの理論は，元来"認知症高齢者"に対する限定的なケアの視点であったが，近年は幅広く用いられるようになっている。このことを踏まえれば，事例2のように，いくら介護理論に基づいた"多くの人にとって適切な介護方法"であっても，その人自身に合わなければ，決して「主体性の尊重」とはいえない。

　パーソン・センタード・ケア（当事者中心のケア）に鑑みれば，介護における真の専門性とは，介護の理論や知識・技術を熟知しながらも，個々の思いや主体性・状況を受け止めてアセスメントを行い，一人ひとりのニーズに応じた介護方法で実践することを意味している。そのためには，障害児・者を中心に据え家族・保護者をも含めたケアが必要であり，その際"いま（現在）"という限定的視点ではなく，"過去（生活歴）―現在（いま）―未来（夢・目標）"という俯瞰的な捉え方が必要である。障害児・者および保護者・家族等との認識の齟齬やリスクを回避するためにも，専門的な視点から，信頼関係を深めニーズや課題を理解し，アセスメントに基づき自律支援を保障できる柔軟かつ適切な支援が重要である。

　国家資格としては，社会福祉士や精神保健福祉士と介護福祉士は別資格であり，また従事する機関・施設・事業所などの種別（児童，高齢，障害，医療，地域）または職場の主たるサービス展開の状況（相談，入所，通所，利用）等の相違により，それぞれの担当する領域が細かく分かれていた。同じ社会福祉士であっても児童福祉のことは理解できるが地域福祉のことは理解できなかったり，

同じ精神保健福祉士であっても就労支援のことはわかるが生活介護のことはわからなかったり，同じ介護福祉士であっても高齢者ケアはできるが障害者ケアは難しかったりするような状況があった。

さらには，同じ福祉基盤の専門職であっても，社会福祉士や精神保健福祉士はソーシャルワーク（相談援助）業務ができるが，介護業務の知識や技術が十分でない状況であったり，介護福祉士は介護業務ができるが，ソーシャルワークを基盤とした効果的なコミュニケーションが苦手な状況があったりする。

そのような状況では，齟齬や行き違いが発生しやすく，ますます事例1や2のような問題が介護現場で発生する可能性があるだろう。

現在の日本では，"地域共生社会の実現"を目指しており，障害児・者が年々増加しているなか，複層的な課題や困難を抱えた要援護者が増加していくと考えられる。このような状況で，これまでの縦割りの支援から，包括的かつ総合的な支援のあり方が各専門職には求められ，多機関・施設・事業所並びに多職種・地域住民等による連携が必要とされている。ケアワークを学ぶだけでなくソーシャルワークも理解し，ソーシャルワークを学ぶだけでなくケアワークも理解することで，齟齬や行き違いを防ぐことができる。さらにいえば，各対人援助（保健・医療・福祉・教育・介護・心理・保育など）の専門職が，互いに幅広くヒューマンサービス（保健・医療・福祉・教育・介護・心理・保育など）の知識や技術を理解することで，リスクやヒューマンエラーを防ぐことができ，より質の高い支援やサービスにつながると考えられる。

＊　本章は，立花直樹（2023）「障害児・者に対する支援の現状と課題——ケアワークおよびソーシャルワークの実践意義」『聖和短期大学紀要』9に加筆・修正したものである。

注
(1)　総務省統計局（2022）「人口推計（令和4年（2022年）3月確定値，令和4年（2022年）8月概算値）」（https://www.stat.go.jp/data/jinsui/new.html　2022年8月31日閲覧）。
(2)　厚生労働省編（2019）『平成30年版　厚生労働白書』日経印刷，4頁。

⑶　内閣府編（2021）『令和 3 年版　障害者白書』勝美印刷，247頁。

⑷　厚生労働省「障害者自立支援法に基づく自立支援給付と介護保険制度との適用関係等について（障障発第0328002号）」2007年 3 月28日。

⑸　厚生労働省社会保障審議会障害者部会「障害者総合支援法施行 3 年後の見直しについて――社会保障審議会障害者部会報告書」2015年12月14日，23～26頁。

⑹　「介護保険と障害福祉を一体に提供する『共生型サービス』普及しない実態とは」『福祉新聞』2021 年 7 月 21 日（https://www.fukushishimbun.co.jp/topics/26130 2022年 9 月23日閲覧）。

⑺　厚生労働省「障害保健福祉関係主管課長会議資料」2020年 3 月 9 日，33頁。

⑻　古川孝順・定藤丈弘・川村佐和子編（1997）『社会福祉士・介護福祉士のための用語集』誠信書房，52頁。

⑼　中央法規出版編集部編（2000）『介護福祉用語辞典（ 3 訂）』中央法規出版，34頁。

⑽　松村明監修（1995）『大辞泉』小学館，1357頁。

⑾　松村明編（2019）『大辞林（第 4 版）』三省堂，1379頁。

⑿　関宏之（2013）「障害受容」山縣文治・柏女霊峰編『社会福祉用語辞典（第 9 版）』ミネルヴァ書房，196頁。

⒀　⑼と同じ，164頁。

⒁　長寿科学振興財団健康長寿ネット（2019）「パーソン・センタード・ケア」（https://www.tyojyu.or.jp/net/byouki/ninchishou/person-care.html　2022年 8 月31日閲覧）。

参考文献

浅野仁監修／浅野ゼミナール福祉研究会編（2008）『福祉実践の未来を拓く――実践現場からの提言』中央法規出版。

松岡克尚・横須賀俊司編著（2011）『障害者ソーシャルワークへのアプローチ――その構築と実践におけるジレンマ』明石書店。

学習課題

①　身体障害，知的障害，精神障害の各特徴について調べてみよう。

②　身体障害，知的障害，精神障害のある方へのケアで留意することは何だろうか。あなたの意見をまとめてみよう。

キーワード一覧表

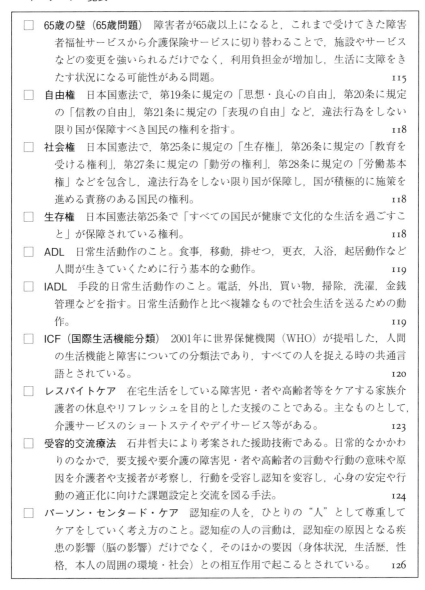

□ **65歳の壁（65歳問題）**　障害者が65歳以上になると，これまで受けてきた障害者福祉サービスから介護保険サービスに切り替わることで，施設やサービスなどの変更を強いられるだけでなく，利用負担金が増加し，生活に支障をきたす状況になる可能性がある問題。　　　　　　　　　　　　　　　115

□ **自由権**　日本国憲法で，第19条に規定の「思想・良心の自由」，第20条に規定の「信教の自由」，第21条に規定の「表現の自由」など，違法行為をしない限り国が保障すべき国民の権利を指す。　　　　　　　　　　　　　118

□ **社会権**　日本国憲法で，第25条に規定の「生存権」，第26条に規定の「教育を受ける権利」，第27条に規定の「勤労の権利」，第28条に規定の「労働基本権」などを包含し，違法行為をしない限り国が保障し，国が積極的に施策を進める責務のある国民の権利。　　　　　　　　　　　　118

□ **生存権**　日本国憲法第25条で「すべての国民が健康で文化的な生活を過ごすこと」が保障されている権利。　　　　　　　　　　　　　118

□ **ADL**　日常生活動作のこと。食事，移動，排せつ，更衣，入浴，起居動作など人間が生きていくために行う基本的な動作。　　　　　　　119

□ **IADL**　手段的日常生活動作のこと。電話，外出，買い物，掃除，洗濯，金銭管理などを指す。日常生活動作と比べ複雑なもので社会生活を送るための動作。　　　　　　　　　　　　　　　　　119

□ **ICF（国際生活機能分類）**　2001年に世界保健機関（WHO）が提唱した，人間の生活機能と障害についての分類法であり，すべての人を捉える時の共通言語とされている。　　　　　　　　　　　　　120

□ **レスパイトケア**　在宅生活をしている障害児・者や高齢者等をケアする家族介護者の休息やリフレッシュを目的とした支援のことである。主なものとして，介護サービスのショートステイやデイサービス等がある。　　　　123

□ **受容的交流療法**　石井哲夫により考案された援助技術である。日常的なかかわりのなかで，要支援や要介護の障害児・者や高齢者の言動や行動の意味や原因を介護者や支援者が考察し，行動を受容し認知を変容し，心身の安定や行動の適正化に向けた課題設定と交流を図る手法。　　　　124

□ **パーソン・センタード・ケア**　認知症の人を，ひとりの"人"として尊重してケアをしていく考え方のこと。認知症の人の言動は，認知症の原因となる疾患の影響（脳の影響）だけでなく，そのほかの要因（身体状況，生活歴，性格，本人の周囲の環境・社会）との相互作用で起こるとされている。　　126

ワークシート

① 事例1を読み，これから遭遇する要援護者（要介護者や要支援者）やその家族が障害や心身状況を受容できるように，あなたが専門職として行いたいこと，行うべきことを具体的に書き出してみましょう。

要援護者本人に対して

家族に対して

② 事例2を読み，保健・医療・福祉に携わる対人援助専門職として，最も重視すべきものは何か，なぜ重視しようと思うのか，あなたの考えを具体的に書き出してみましょう。

最も重視すべきもの

重視すべき理由

第11章

高齢者に対する支援過程

　本章では，高齢者に対する支援過程を理解する。高齢期には，老化や疾病による障害をきっかけとして，要介護状態になるだけでなく，認知症など認知機能の低下をもたらす疾患を併発することもある。本人を支援するだけでなく，その家族への支援，社会関係を継続させる支援，社会資源の開発という視点も必要となるため，広い視野で支援を考えていくことが求められている。特に身体的介護の必要や認知症のある人たちの事例をもとに，支援の過程について理解を深めてほしい。

1　高齢者を支援するということ

（1）要介護となる原因

　高齢者施設や在宅サービスを提供する場において，私たちは要介護状態にある人たちに出会う。要介護，要支援は，介護保険法による分類であり，介護の必要度を判定した結果である。では，どのような状況から介護が必要になるのだろうか。表11-1からわが国の75歳以上の後期高齢者のうち，23％が要介護状態にあることがわかる。その主な原因としては，「認知症」が18.1％と最も多く，次いで，「脳血管疾患（脳卒中）」15.0％，「高齢による衰弱」13.3％，「骨折・転倒」13.0％となっている。また，男女別にみると，男性は「脳血管疾患（脳卒中）」が24.5％，女性は「認知症」が19.9％と特に多くなっている（表11-2）。今後，ますます高齢者人口の増加が予測されるなか，要介護高齢者の増加も見込まれるため，介護保険制度のサービス利用者の増加も顕著とな

表11-1　要介護等認定状況

単位：千人，（　）内は％

65～74歳		75歳以上	
要支援	要介護	要支援	要介護
235 (1.4)	495 (2.9)	1,586 (8.8)	4,137 (23.0)

注1：経過的要介護の者を除く。
注2：（　）内は，65～74歳，75歳以上それぞれの被保険者に占める割合。
出所：厚生労働省「介護保険事業状況報告（年報）」（平成30年度）より算出。

表11-2　介護が必要になった主な原因

単位：％

性別	脳血管疾患 （脳卒中）	心疾患 （心臓病）	関節疾患	認知症	骨折・転倒	高齢による 衰弱	その他・不 明・不詳
女性	10.3	3.9	14.2	19.9	16.5	14.3	21.0
男性	24.5	6.3	4.6	14.4	5.8	11.3	33.2
総数	15.0	4.7	11.0	18.1	13.0	13.3	25.0

出所：内閣府編（2021）『令和3年版高齢社会白書（全体版）』。

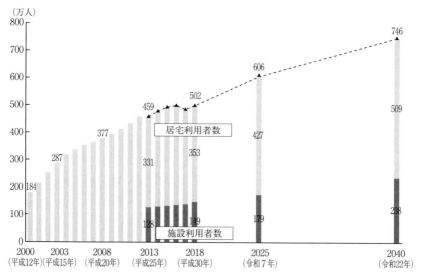

図11-1　介護保険利用者数の推移および見通し

資料：2017年以前については，厚生労働省「介護保険事業状況報告」。2018年以降は「2040年を見据えた
　　　社会保障の将来見通し（議論の素材）（内閣官房・内閣府・財務省・厚生労働省，平成30年5月21日）」。
注：2012年以前は，施設利用者数・居宅利用者の内訳は把握していない。
出所：厚生労働省（2020）『令和2年版　厚生労働白書』。

る（図11-1）。

　高齢期には，老化や疾病によって生じる生活のしづらさなどが起こる可能性が高くなる。そのため，身体的な機能低下がどのようにみられるのか，その際，視覚や聴覚の機能についても十分に配慮する必要がある。さらに認知症，精神障害などに関して理解し，心身の状況に応じた適切な支援が必要となる。

（2）介護予防

　高齢期には，加齢や筋力低下，よくない生活習慣（偏りのある食生活から生じる栄養不足や水分不足，運動不足，会話や交流の不足など）によって，生活意欲の低下などにつながり，フレイル状態となりやすい。また，そのような状況が続くと，認知症の発症リスクは高くなる。さらに後期高齢者の場合，要支援から要介護状態となり，ADL（日常生活動作）やIADL（手段的日常生活動作）に関する機能低下をもたらす。また，特定疾病に罹患している人も多い。このような身体の機能低下を予防していくためには，65歳以降，特に社会参加を促進することにより規則正しい生活を送り，他者との会話や交流，社会とのつながりの場，日々の生活のなかで本人がその人らしさを表現できる機会，社会的な役割を持ちながら暮らしていくことが大切である。そのため，地域における高齢者支援では介護が必要な状態になる前から，要支援・要介護状態をできるだけ遅らせるような介護予防の視点が求められる。

（3）認知症高齢者への支援

①　認知症高齢者の将来推計

　高齢になるにつれて，認知症の症状がみられる高齢者が増加する。2025年のわが国における認知症高齢者は，約700万人と推計されている（図11-2）。

　また，内閣府は，65歳以上の認知症高齢者数と有病率について，2012（平成24）年は462万人と報告しており，65歳以上の高齢者の約7人に1人（有病率15.0％）に認知症の症状がみられることを明らかにしている。また，将来推計として2025年には65歳以上の高齢者の5人に1人に認知症の症状がみられるようになるとも予測されている。認知症の有病率については，さらに年々増加す

○65歳以上高齢者のうち，認知症高齢者が増加していくと推計されています。

（括弧内は65歳以上人口対比）

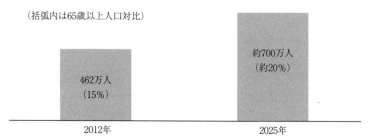

図11-2　認知症高齢者の将来推計

注：「日本における認知症の高齢者人口の将来推計に関する研究」（平成26年度厚生労働科学
　　研究費補助金特別研究事業　九州大学二宮利治教授）による速報値。
出所：厚生労働省「認知症の人の将来推計について」。

表11-3　認知症高齢者数の推計

		平成24年 (2012)	27年 (2015)	32年 (2020)	37年 (2025)	42年 (2030)	52年 (2040)	62年 (2050)	72年 (2060)
各年齢の 認知症有 病率が一 定の場合	（人数） （万人）	462	517	602	675	744	802	797	850
	（率）(%)	15.0	15.2	16.7	18.5	20.2	20.7	21.1	24.5
各年齢の 認知症有 病率が上 昇する場 合	（人数） （万人）	462	525	631	730	830	953	1016	1154
	（率）(%)	15.0	15.5	17.5	20.0	22.5	24.6	27.0	33.3

資料：「日本における認知症の高齢者人口の将来推計に関する研究」（平成26年度厚生労働科学研究費補助
　　金特別研究事業　九州大学二宮利治教授）より内閣府作成。
注：長期の縦断的な認知症の有病率調査を行っている福岡県久山町研究データに基づいた．
　・各年齢層の認知症有病率が，2012年以降一定と仮定した場合
　・各年齢層の認知症有病率が，2012年以降も糖尿病有病率の増加により上昇すると仮定した場合
　久山町研究からモデルを作成すると，年齢，性別，生活習慣（糖尿病）の有病率が認知症の有病率に
　影響することがわかった。本推計では2060年までに糖尿病有病率が20％増加すると仮定した。
出所：図11-2と同じ。

ることが推計される状況である（表11-3）。つまり，誰もが認知症の症状を有
する可能性があり，もはや特別なことではないということである。
　そう考えると，高齢者の支援に関する基本的な知識として，認知症について

表 11 - 4　認知症の重症度に関する評価方法

	MMSE	改定長谷川式認知症スケール
評価内容	見当識・記憶・計算・言語能力・図形能力	見当識・記憶・計算・言語能力
項　目	11項目	9項目
時　間	10〜15分	5〜10分
方　法	口頭，記述，描写	口頭
点数／基準	30点満点／21点以下で認知症の疑い	30点満点／20点以下で認知症の疑い

出所：河月稔（2017）「神経心理学的検査」『医学検査』66（J-STAGE-2），11〜21頁（https://www.jstage.jst.go.jp/article/jamt/66/J-STAGE-2/66_17J2-3/_pdf　2022年12月15日閲覧）をもとに筆者作成。

理解しておく必要があり，そのことは福祉専門職としての基礎となることが理解されるだろう。

　②　認知症の評価スケール

　認知症の診断は医師によって行われる問診，面談，画像検査（CT・MRI），神経学検査を統合して行われる。福祉専門職が利用者のこれらの結果でよく目にするのは神経学検査の結果である。そのため，ここではその主な内容について紹介していく。

　認知症がどのくらい進行しているのか，どの程度の重症度なのかについての評価方法がある。MMSE（Mini-Mental State Examination）は，全部で11項目から構成されている。検査時間は全体で10〜15分であり，単純な計算や単語を記憶してもらうものである。高齢者に口頭で質問に答えてもらうもののほか，読字，文章の記述，図形描写がある。たとえば，紙に「手を握ってください」と書かれたものを読み上げて理解し実行することや，自由に文章を書いてもらうこと，紙に書かれた図形と同じものを書いてもらうものがある。

　HDS-R（改定長谷川式認知症スケール）は，MMSE よりも記憶力に重点が置かれているのが特徴である。すべての項目は，口頭で答えてもらう質問で構成されている（表11 - 4）。

　一方で，**認知症の日常生活自立度**は，認知症の人が必要とする介護の度合いのことで，介護保険制度における認定調査の際にも行われ，ひとつの指標と

表11-5　認知症の日常生活自立度

レベル	判断基準	見られる症状・行動の例
Ⅰ	何らかの認知症を有するが，日常生活は家庭内及び社会的にほぼ自立している。	―
Ⅱ	日常生活に支障を来たすような症状・行動や意思疎通の困難さが多少見られても，誰かが注意していれば自立できる。	―
Ⅱa	家庭外で上記Ⅱの状態が見られる。	たびたび道に迷うとか，買物や事務，金銭管理などそれまでできたことにミスが目立つ等
Ⅱb	家庭内で上記Ⅱの状態が見られる。	服薬管理ができない，電話の応対や訪問者との対応などひとりで留守番ができない等
Ⅲ	日常生活に支障を来たすような症状・行動や意思疎通の困難さが見られ，介護を必要とする。	―
Ⅲa	日中を中心として上記Ⅲの状態が見られる。	着替え，食事，排便，排尿が上手にできない，時間がかかる。やたらに物を口に入れる，物を拾い集める，徘徊，失禁，大声・奇声をあげる，火の不始末，不潔行為，性的異常行為等
Ⅲb	夜間を中心として上記Ⅲの状態が見られる。	ランクⅢaに同じ
Ⅳ	日常生活に支障を来たすような症状・行動や意思疎通の困難さが頻繁に見られ，常に介護を必要とする。	ランクⅢに同じ
M	著しい精神症状や問題行動あるいは重篤な身体疾患が見られ，専門医療を必要とする。	せん妄，妄想，興奮，自傷・他害等の精神症状や精神症状に起因する問題行動が継続する状態等

出所：厚生労働省「認知症高齢者の日常生活自立度」(https://www.mhlw.go.jp/topics/2013/02/dl/tp0215
　-11-11d.pdf　2022年12月15日閲覧)。

なっている。質問に答えていく評価と比べると，調査員によって評価にばらつきが生じる可能性がある（表11-5）。

　いずれにしても認知症の症状がみられ，もの忘れの自覚がある高齢者にとってみると，質問に答えられないことに対するとまどい，そのことを知られたくないという気持ちなどがあることにも援助者は十分配慮していかなければならない。

③　認知症高齢者に対するケアの考え方

認知症高齢者への支援方法では，疾患別アプローチがあるほか，**パーソン・センタード・ケア**という考え方に基づいて行われるのが，今日ではスタンダードになっている。イギリスのキッドウッド（T. M. Kitwood）が提唱したこの考え方の歴史的背景には，ロジャース（C. R. Rogers）の来談者中心療法がある。来談者中心療法は，クライアント中心療法であり，本人を中心としたアプローチという点において，その影響を受けている。

さらに，**多職種連携**が必須であることはすでに様々なところでいわれている。認知症高齢者への支援では，ICF（国際生活機能分類）の視点に基づき，統合モデル・相互作用モデルの捉え方から観察し，自立支援，介護予防，要介護状態に応じた生活支援が実践される。しかし，生活支援場面では，安全の観点が強く重視され，認知症の人に対して医学モデルの側面が重視されてきたことも事実である。そのことは，認知症の人の QOL，自己実現，尊厳の保持への配慮に欠け，日常生活をトータルケアするという観点から遠ざかってしまっていた。たとえば不適切な量や種類の薬が処方されているということからも，それは高齢者に何らかの制限をしていることになる。高齢者は，余生と向き合うばかりでなく，今これからを生きる「生活者」であり，「人」である。ADL が低下しても，認知症の症状が進行したとしても，高齢者一人ひとりの自己実現や生活の満足度が高まるような支援をしているか常に確認することが大切である。

2　施設の特徴と入居者の実態

自宅での生活が困難になった場合には，在宅サービスを利用していくことになる。さらに，**要介護度**が高くなったり，住宅事情から自宅での生活が難しくなるなどの状況があると，施設サービスを利用することになる。ここでは，いくつかの施設の特徴とそこで暮らす入居者について述べていく。

（1）介護老人福祉施設（特別養護老人ホーム）

特別養護老人ホームは，原則要介護 3 以上の人が利用できる施設である。こ

の施設の多くは，看取りまでを視野に入れ日々の介護をしている，常に介護が必要な人の利用を受け入れ，入浴や食事などの日常生活上の支援や，機能訓練，療養上の世話などを提供する。利用者の意思や人格を尊重し，利用者の立場に立ち，サービスを提供する。[(1)]

（2）認知症対応型共同生活介護（グループホーム）

　認知症対応型共同生活介護は，要支援2，要介護1から要介護5の認知症の人が利用するところである。ひとつの共同生活住居に5～9人の利用者が暮らしている。[(2)]認知症の人を対象にした専門的な介護を提供するサービスを展開しており，認知症の人が可能な限り自立した日常生活を送ることができるよう，食事の準備や掃除などこれまでやってきたことを支援者のサポートを受けながら継続した生活を送ることを目指している。家庭的な環境と地域住民との交流のもとで，日常生活上の支援や，機能訓練などのサービスを受ける。

（3）介護老人保健施設

　介護老人保健施設は，要介護1から5の人が利用できる。この施設は，可能な限り自立した日常生活を送ることができるよう，リハビリテーションや必要な医療，介護などを提供する。[(3)]入所期間はおおよそ3か月間となっている。たとえば，病院に入院している高齢者が退院する際に，この施設でのリハビリテーションや生活のリズムを整え自宅に戻れるよう支援する。

（4）有料老人ホーム

　有料老人ホームとは，食事の提供，介護（入浴・排せつなど）の提供，洗濯・掃除等の家事の供与，健康管理のうち，いずれかのサービス（複数も可）を提供している施設である。**介護保険**制度における「特定施設入居者生活介護」は，介護保険の給付の対象となっている。設置にあたっては，都道府県知事へ届出を行うこととされている民間施設であり，サービス費用および入居にかかるすべての費用が有料となる高齢者向け住宅である。有料老人ホームの種類は「介護付有料老人ホーム」「住宅型有料老人ホーム」「健康型有料老人ホーム」の3

つの類型に分けられる。

3　施設生活を創るということ

ここでは，ひとつの事例から考えてみよう。

事　例

　地域密着型介護老人福祉施設（地域密着型特別養護老人ホーム）に1年前から入所している中村チエさん（78歳・要介護4・認知症の日常生活自立度Ⅲa・女性）は，認知症の進行と行動・心理症状（BPSD）がある。チエさんは，入所前，夫（87歳）とふたり暮らしをしていたが，1年前に夫が他界してから認知症が進行し，ひとりでの生活が難しくなったため入所した。チエさんにはひとり息子（52歳）がおり，喫茶店を経営しながらひとり暮らしをしている。本当は，自分が面倒をみるべきなのではないかと思いながらも，仕事を辞めるわけにもいかず，母の介護を頼める人もおらず，施設への入所を選んだという経緯がある。

　息子は，毎週水曜日が定休日なので面会にきていたが，持病の糖尿病が悪化し，透析治療が必要となり，定期的に面会にくるのが難しくなってきた。息子は，「母に会いたいが，体がしんどくなってきているので，行けないのが申し訳ない。とはいえ，母ももういろんなことがわからなくなっているし，行く回数が減ると自分のこともわからなくなると思うので，行かない方がよいのではないかとも思う」と生活相談員に思いを話している。

　最近，チエさんの一日は，食事や入浴，排せつ，レクリエーションの時間帯以外は，居室で過ごしている。部屋では，電動ベッドに寝ながらテレビをつけている。以前は，フロアで過ごすこともあったが，ここ半年くらいは居室で過ごすことが多くなった。テレビを見ている時は，コマーシャルや，食べ物や子どもが出てくると関心を示す。また，相撲中継はよく見ていて，時折，声を上げて応援している。一方，チエさんは，夕方16時以降になると，不安な気持ちになるようで，居室から出てきて，「息子に電話してほしい」と，たびたび職員に声をかける。職員がチエさんに対して「息子さんは，お仕事中です」と対応すると，「仕事なら，仕方ないわ」と言って，居室に戻る。最近では，不安が強くなると，「息子は，今仕事ですか」「何時まで仕事ですか」と言うようになった。「もうすぐ夕食です。召し上がっては

いかがでしょうか」「今日は，お泊まりの日です」と対応すると，「今日，息子は，私を迎えにくる日です」「息子は，何時に迎えにきますか」と声を荒げることもあり，玄関まで移動しようとする。

　チエさんは，30年以上小学校の給食にかかわる仕事をしてきて，そんな母の背中を見て調理にかかわる仕事を息子は選んだのだと，チエさんは自慢そうに話す時もある。小学校に勤めていたこともあり，子どもたちが施設にくるような行事があると多弁になり機嫌もよい。チエさんは，共働きだったため，朝早く家を出る夫に弁当を持たせ送り出し，息子を起こして朝食を食べさせて，送り出すのと同時にチエさんも家を出ていたため，朝食を食べるのは土日だけで，ほとんど食べてこない生活だったという。そのためか，朝食は，「お腹がいっぱいです」と言って，ほとんど食べたことがない。一方で時折「喫茶店のパン」「コーヒー」という言葉が聞かれることもある。

　不安になると息子のことを思い出すチエさんと，母はもう自分のことをわからなくなってしまうのではないか，自分は前のように毎週面会に行くことができないと心配になる息子の気持ちの両方を知っている施設の職員は，双方の仲介的な役割を担っていくことの必要性を感じている。

　福祉専門職に求められる視点は以下の3点である。

① 家族の役割があることを伝える

　チエさんの息子は，本当は自分が面倒をみなければならないと思いつつ，介護する環境が整わないために施設入所を選択したという経緯がある。毎週水曜日に面会にきていたことが，息子にとっての母への思いを形にすることだったのかもしれない。しかし，自身の病気の治療が優先される事態となりそれが叶わなくなったことにより，「母に会いに行けないこと」が「（認知症が進んだ）母に会わない方がよい」という気持ちに変わりつつある。一方で，チエさんは，夕方に息子のことを思い，息子が自分と同じような調理にかかわる仕事を選んだことを誇りに思っていることがうかがえる。

　ソーシャルワーカー（生活相談員）としては，息子の揺らいでいる気持ちを十分に受け止めることが大切である。そして，面会に行きたいけれどそれができないことに関して，「面会はこられる時に無理せずにきてほしいこと」「チエ

さんは，自慢の息子だと思っていて，自分と同じ調理の仕事を選んでいること
を喜んで施設でも話していること」などを伝えていく。さらに，介護について
は施設のスタッフが精一杯介護することができるが，家族の役割は代わること
ができないため，息子のできる範囲内でチエさんに連絡してほしいことなどを
話しながら，その具体的な方法の提案などができるとよいだろう。たとえば，
手紙や電話でもよいだろうし，息子の顔を見られるようテレビ電話などもでき
るだろう。また，チエさんの身体状況に問題がないならば，時折息子の喫茶店
に施設の職員とチエさんが外出するということも可能だろう。いずれにしても，
チエさんの様子を伝えつつ，息子が思い込んでいるところを聞いていきながら，
チエさんと息子の双方にとって最良の方法を考えていくことが必要となる。

　②　入所しても在宅での生活を継続する

　これまでの在宅生活を継続するとはどういうことであろうか。たとえば，本
事例では，チエさんは長年，毎朝夫と息子を送り出すのと同時に自分も家を出
る生活をしていたせいで，朝食を食べるという習慣がなかったことがわかって
いる。他の入居者と同じように同じ時間に朝食を食べてもらうことは，チエさ
んにとって身体の負担になるようであるならば，食べるタイミングや，食べる
ものについても検討していく必要がある。生活を継続するとは，こういった習
慣を継続することでもある。

　また，個室の施設の場合には，ベッド以外のものは使い慣れたもの，本人の
気に入っているものなどを持ってきてもらい，居室内の環境を整えることが多
い。そのため，仏壇を持ってくる人（ろうそくなどは使えないが）もいるし，自
宅で飾っていた絵を持ってくる人もいる。限られた空間ではあるが，ここが自
分の居場所だということを意識できるようなものが家具や装飾品としてあるこ
とで安心することもできる。施設によっては，湯飲み，箸といった家庭でも，
個人の使うものが決まっていたようなものは，持ってきてもらうこともある。
ここでも自分のものと意識できるものがあることで，暮らしの場であるという
ことが認識できるようになる。

　さらに，入居前に本人の生活環境を施設側が把握しておくことが大事である。
たとえば，テレビはどのように見ているのか，ベッドに横になって見ているの

か，椅子に座って見ているのかによって，施設での居室の生活空間の設定が変わってくる。また，ベッドは両側から降りられるようになっているのか，どちら側から降りているのかなど，施設での生活でもこれまでと同じようにできるようにするために，どのように配置するかは重要である。その情報を収集するためにも入所前に介護職員，生活相談員やケアマネジャーが自宅を訪問する場合もある。

　③　入所者の生活を施設で完結させない──社会資源とのつながり

　チエさんの生活のなかで大事にしたい社会資源とのつながりのひとつに，子どもとのかかわりが挙げられる。小学校に勤めていたことがあるためか，とても楽しそうに多弁になる様子があった。たとえば，地域にある保育園の児童との交流，あるいは，小学生との交流を社会福祉協議会などを巻き込んで行うようなことも考えられる。小学生にとっては福祉体験学習の一環として捉えられ，3世代世帯で暮らすことのない今日の子どもたちにとってみると「高齢者」を知ることにもつながる。また，子ども食堂で調理の補助や配膳などをすることも考えられる。チエさんにとっては，楽しいこと，うれしいと思うことを生活のなかに見出すことが，施設の外部とつながることで可能になる。

　他には，息子と認知症カフェへの参加，地域のお祭りへの参加，相撲観戦など，趣味活動を継続できるように地域の人とつながりを持つことも重要である。

　その際，シルバー人材センターと連携し，協力しながらともに過ごしてくれる人を募集する，地域サロンに入居者が出かけるということも重要な視点である。

　たとえば，車いすで外食ができて，食事形態の要望にも少し応じてくれるようレストランと交渉したり，息子の作るコーヒーやサンドウィッチ等を喫茶店に行って食べるようなこともできるようにすることがあってもよい。

注

(1)　厚生労働省「地域包括ケアシステム」(https://www.mhlw.go.jp/stf/seisakuni
　　tsuite/bunya/hukushi_kaigo/kaigo_koureisha/chiiki-houkatsu/index.html　2022年
　　8月9日閲覧)。
(2)　厚生労働省「『地域共生社会』の実現に向けて」(https://www.mhlw.go.jp/stf/
　　newpage_00506.html　2022年8月9日閲覧)。
(3)　厚生労働省(2020)『令和2年版　厚生労働白書』。

参考文献

毛利亘・牛田篤(2015)『その人を中心に考える介護計画』現代図書。

学習課題

①　あなたの祖父母や曾祖父母が高齢者施設に入所することになったとしたら、家族
　　として施設にどのようなことを期待しますか。
②　MMSEの評価シートをインターネットで検索し、どのような設問があるのかを
　　確認してみよう。その際に短期記憶の保持が難しい人が受けるとしたらどのような
　　気持ちがするのか、それに配慮した声かけについても考えてみよう。

キーワード一覧表

□　**フレイル**　「Frailty(フレイルティ)」という言葉が語源である。加齢によっ
　　て心身の活力の低下、社会的なつながりが弱くなり、要介護になるリスクが
　　高くなった状態のこと。フレイル状態をそのままにしておくと、要介護状態
　　になる危険性が高いため、早い段階から適度な運動やバランスの取れた食事
　　を心がけることが推奨されている。　　　　　　　　　　　　　　　　133
□　**認知症**　DSM-5診断基準による認知症の診断基準では、ひとつ以上の認知領
　　域(複雑性注意、実行機能、学習および記憶、言語、知覚—運動、社会的認
　　知)において、以前の行為水準から有意な認知の低下があるという状態。　133
□　**認知症の日常生活自立度**　認知症高齢者の日常生活自立度とは、高齢者の認知
　　症の程度を踏まえた日常生活自立度の程度を表すものである。介護保険制度
　　の要介護認定では認定調査や主治医意見書において、この指標が用いられて
　　いる。要介護認定におけるコンピュータによる一次判定や介護認定審査会に
　　おける審査判定の際の参考として利用されている。　　　　　　　　　　135
□　**パーソン・センタード・ケア**　認知症の人を、ひとりの"人"として尊重して
　　ケアをしていく考え方のこと。認知症の人の言動は、認知症の原因となる疾
　　患の影響(脳の影響)だけでなく、そのほかの要因(身体状況、生活歴、性

格，本人の周囲の環境・社会）との相互作用で起こるとされている。　137

☐ **多職種連携**　自分の専門以外の専門職と同じ共通の目的に向かって共に働くこと。要介護者の場合は，医師，看護師，介護福祉士，ソーシャルワーカー（社会福祉士），栄養士，OT・PT などが想定される。　137

☐ **ICF（国際生活機能分類）**　2001年に世界保健機関（WHO）が提唱した，人間の生活機能と障害についての分類法であり，すべての人を捉える時の共通言語とされている。　137

☐ **要介護度**　介護保険制度上では，介護度について，要介護状態等区分で示す。要介護度は，要介護1，要介護2，要介護3，要介護4，要介護5の5段階で示す。継続して常時介護を必要とする状態であり，介護給付を利用できる。要介護よりも軽度の場合，要支援となる。要支援は，要支援1，要支援2の2段階で示す。日常生活を営むのに支障があると見込まれる状態であり，今の状態を改善あるいは維持するための予防給付を利用できる。さらに軽度の場合は，非該当となり，総合事業を利用できる。　137

☐ **介護保険**　介護を社会全体で支えるために，「医療保険」「年金保険」「雇用保険」「労働災害補償保険」に続く5つめの社会保険として制度化されたもの。　138

☐ **地域密着型介護老人福祉施設**　入所定員30人未満の介護老人福祉施設で，常に介護が必要な人の入所を受け入れ，入浴や食事などの日常生活上の支援や，機能訓練，療養上の世話などが提供される。原則，要介護3以上の人が入居できるところで，家族や地域との結びつきを大事にするという特徴がある。そのため，施設と同一の市町村に住んでいる人が入居対象となる。　139

ワークシート

① 高齢期に起こる身体的な変化と，そのことが日常生活にもたらす影響について，調べて書いてみましょう。

身体変化	日常生活にもたらす影響

② あなたが住んでいる市町村にある介護老人福祉施設や認知症対応型共同生活介護などの高齢者施設では，高齢者と家族との関係性を切らないためにどのような取り組みがされているでしょうか。施設のホームページや SNS などを手がかりに調べてみましょう。

第12章

終末期における支援過程

　人間である限り誰にでも必ず訪れるもの，それは死である。そうでありながら死だけは経験することができないため，どう支援すべきか，イメージすることが難しいのではないだろうか。本章を読み進めると，死は普遍的な生の延長線上にあり，その支援は特別なことではないことに気づくだろう。

　人生の終末に向かう利用者本人の歩みは，本人のみならず家族をも含めた周囲の人々にとって一つひとつが尊く，大切な瞬間である。そのような終末期を，ここでは生の先にある死を意識した支援を行う期間として捉え，主体者たる本人の意向を尊重した支援を行うために必要なことについて伝えていきたい。

1　終末期を取り巻く過去・現在

（1）死を取り巻く現状

　わが国における高齢化の特徴のひとつは，「高齢者のなかの高齢化」が進んでいることであり，その占める割合は65〜74歳の高齢者よりも75歳以上の高齢者の方が多い。この背景のひとつとして，医療に関する技術の発達や制度の充実が寄与するところは大きい。以前であれば死に直結するような病気であっても，国民皆保険に代表される医療制度を活用することによって，医療による治療行動を通して治癒または病を有しながらも生きることが可能となった。このことがひとつとして平均寿命の延伸を可能としたのだが，一方で年齢を重ねることによって認知症を発症する人や臥床中心の生活を送るなど何かしらの介護を要する状態にある高齢者が増加し，そして死亡しているのである。

そうした高齢者の多くはどこで死を迎えているのだろうか。厚生労働省「令和2年人口動態統計」によると，1951（昭和26）年は82.5％の人は自宅で死亡していたが，2005（平成17）年には12.2％まで減少し，82.4％が病院や診療所，老人ホーム等施設で死亡している。このことは自宅以外の場所で死を迎える人が多いことを示している。

（2）社会保障制度の拡充と医療の発展

このように最期を迎える場所が自宅以外の場所へと変化した背景の要因のひとつとして，社会保障制度の拡充によるものがある。

1958（昭和33）年に国民健康保険法が制定され，それまで加入は任意であった医療保険にすべての国民を加入対象とすることで国民皆保険化を実現した。このことで国民が医療にかかる自己負担は軽減されたが，所得の少ない高齢者にとっては受診にかかる費用負担は厳しく，受診を控えるなど抑制につながっていた。そのため，70歳以上の高齢者に対して医療費の負担をなくそうと，1973（昭和48）年に老人福祉法が一部改正され老人医療費の無料化が行われた。

しかし，この老人医療費無料化が行われたことによって，高齢者の医療機関への受診行動へのハードルが下がり受診者が増加，その影響から医療費が急騰した。また不必要な受診や入院が増加し「病院のサロン化」「社会的入院」が問題となり，老人医療費無料化は見直しを迫られることになる。そして1983（昭和58）年の老人保健法制定によって高齢者本人の費用一部負担が生じることになった。しかしながら，このような課題を抱えながらも，国民皆保険化によって傷病が生じた際にはすべての人が医療を受けることができるようになり，医療にかからずして命を落とすという状況は減少した。

そうした社会保障制度の拡充とともに医療技術そのものも発展をする。その昔，がん（悪性新生物）は治らない，死を連想させるおそろしい疾病と思われてきたが，現在では治療法も多岐にわたり，がんという疾病を有しながらも生きることができるようになった。ひとつには手術技法や治療方法，創薬など疾病の治癒に向けての研究が盛んに行われたことによって医療技術が発展し，人々の生命を延伸させることにつながったということがいえる。

　その一方で，疾病や事故，老衰などによって終焉を迎えるいのちもあるが，医療による治療行動はあくまでもいのちを救うことであるため，終焉を迎えることが予測されるいのちに対しても積極的な治療（延命治療）が行われた。人工呼吸器や点滴など様々な医療資源が投入され，利用者は苦しさやつらさ，痛みに苛まれることもあった。また，病気が治ると信じて治療を受けているがよくならない現実を目の当たりにすること，そのことについて医師や家族など周囲に問いかけても真実が語られないこと……。そういったなかで最期の時を迎えることも少なくなかった。

　1970（昭和45）年に入るとそういった積極的な治療のあり方について考えようと，「死の臨床研究会」や「生と死を考える会」など医療関係者や市民がともに考えようと様々な活動が行われた。疾病と対峙するなかで生じる痛みや倦怠感，精神的な苦しみなどを和らげ，病気や生き方そのものに向き合うことへ注力した支援の必要性が見出されていく。そうしたなかで**ホスピス・緩和ケア**の概念が創出され，その必要性が認識されていくとともに，緩和ケア病棟を病院内に開設する動きや，自宅での看取りを実現するための在宅医療に取り組む動きへと結実し，拡がっていく。

（3）看取りの質を高める

　その一方，わが国では死について語ることは縁起でもないこととタブー視され，話題にすること自体憚られる風潮があった。そのため，最期をどこで誰と，どのように過ごすかという意向を事前に家族等と語り合う機会に乏しかった。

　しかし，そのような意向を死ぬその瞬間に表出することは困難であり，医療関係者や家族等も「本当にこれでよかったのか」と思い悩むことも少なくなかった。このことは，救命救急や集中医療の現場では顕著であり，搬送されてきた患者の救命措置をどこまで行うかということについて，本人の意識がなく意向もわからないなかで家族等にその判断を委ねざるを得ない事態が生じることは日常茶飯事であった。そのため，事前に本人の意向を文書で記す**リビングウィル**の作成や，医療関係者の対応指針となるガイドラインが学会等によってとりまとめられた。[1]

その流れのなか，2007（平成19）年に「終末期医療の決定プロセスに関する
ガイドライン」（インフォームドコンセント，チームアプローチなど）が，2018（平
成30）年には「人生の最終段階の医療・ケアの決定プロセスに関するガイドラ
イン」（医療・ケアチームの対象に介護従事者を含める，アドバンス・ケア・プランニ
ング（ACP）の考え方の反映など）が策定された。この間，2015（平成27）年にガ
イドラインの名称が「終末期」から「人生の最終段階における」へと変更され
た。これは終末期という期間のみならず，本人の生き方を尊重した医療やケア
の提供を検討する意図が込められたものである。

　以上から，過去から現在に至る終末期医療に関する議論の焦点は，医療提供
そのものの課題から本人の意思を尊重した医療やケアの提供へ，それを通して
看取りの質，ひいては生き方の質を向上させる動きへと昇華してきたと捉える
ことができよう。

2　終末期に向かう人への支援

（1）終末期の見極めと実際

　本章の序文において，終末期を「生の先にある死を意識した支援を行う期間
と捉える」としたが，これは終末期を明確に定義したものではない。

　全日本病院協会が2016（平成28）年に示した「終末期医療に関するガイドラ
イン」によると，終末期とは，①治療により疾病からの回復が期待できないと
複数の医師によって判断され，②利用者本人や家族，支援者等がそれに納得し，
③死を予測し対応を考えること，という3つの条件を満たす場合をいうとして
いる。人の死がかかわるものであり，そこには疾病の進行等を勘案した医学的
判断が大きく影響することがわかる。

　一方，「人生の最終段階の医療・ケアの決定プロセスに関するガイドライン」
では，がんの末期など疾病によって予後が予測できる場合もあれば，慢性疾患
や老衰など予後が長期にわたることで予測が困難な場合もあることに鑑み，ど
のような状態が終末期かは利用者の状態を踏まえて，医療・ケアチームの適切
かつ妥当な判断によるべきであるとする。つまり，終末期とは一人ひとりの状

態等によって異なり，死を起点として逆算していつまで生きられるかということについて期間を区切って明確化することは難しく，定義しづらいものだといえる。このことは，高齢者を支援する在宅や施設においても同様である。

それらを踏まえ，ここでひとつの事例を読んでみよう。

事　例

　新井さんは90歳の女性。5年前に夫を亡くし，以後ひとりで暮らしてきた。88歳の時に脳梗塞に罹患して右半身麻痺が生じ，歩行器歩行を余儀なくされた。新井さんは住み慣れた自宅で過ごしたいと希望していたため，自宅生活を支援する介護支援専門員の石田さんは，訪問介護と通所介護，短期入所（ショートステイ）を組み合わせながら自宅での生活が送れるように支援した。

　しかし，体力の衰えを自覚し，ひとり暮らしに不安を持つようになった新井さんは，石田さんと相談しリハビリテーションと生活支援を受けるために介護老人保健施設（老健）へ入所した。新井さんは同室者との会話や趣味の編み物，行事へ積極的に参加した。また，定期的に面会にくるひとり息子の長男（60歳）との会話を楽しんだ。

　老健に入所して過ごすある日，介護福祉士の梅本さんが清拭介助のため新井さんのもとを訪ねると，新井さんは体の不調を口にした。気になった梅本さんは看護師へ相談し，看護師は老健に勤務する医師へ診察を依頼した。その結果，少し肺炎の症状を呈していたが，安静にして経過をみていくことになった。ただ，医師は新井さんが高齢であり，この先老衰が進む可能性があることを踏まえ，今のうちに思いを聞くことを勧めた。梅本さんはそのことを支援相談員の江川さんに情報提供した。

　江川さんは新井さんと長男，そして石田さんにも声をかけ，老健医師，看護師，介護福祉士の梅本さんが参加して，治療のことや生き方など，新井さんのこれからについて話し合うために，アドバンス・ケア・プランニング（ACP）を行った。

　ACPでは最近の体調のこと，これからのことなど自由に話した。新井さんは体調不良に対する治療については積極的には望まず，「この先家で過ごすのは無理だと思う。ここ（老健）では何度も世話になったので，ここで死にたい。病院は行かない」と，か細い声ながらはっきりと語った。石田さんは，自宅で過ごしていた頃に実施したACPの内容を踏まえ，「以前行ったACPでは，自宅にはご主人との思い出があるから，自宅から旅立ちたいと言っていましたよね。もし新井さんが今

でもそう思っているなら，私たちは力になります」と伝えたが，新井さんは微笑みながら首を横に振った。長男は「母がそう言うなら異存はありません」と言い，新井さんの思いを尊重することを参加者の共通認識として確認し，ACPを終えた。

　その後も梅本さんをはじめ介護福祉士や看護師が新井さんにかかわるが，新井さんの体は衰えていく。梅本さんが食事介助をしても食が進まないため，老健医師と相談し，高カロリーゼリー等摂取しやすいものを提供した。そのほか，行事などの活動への参加も減り，日中は傾眠することが増えた。そんな新井さんの様子をみる梅本さんは，新井さんが老衰によって最期の時を迎えるのもそう遠くないと思い，好きな編み物を目で見て雰囲気でわかるよう配置したり，若かりし頃の話をしたりと，新井さんの好む形を模索し，介護計画に反映させた。

　そんなある日，新井さんが普段しないつらそうな表情をしていた。梅本さんは慌てて看護師を呼び，様子をみた看護師は老健医師へ診察を依頼した。老健医師は，老衰が進行しており近く亡くなることも考えられるとし，「以前行ったACPで新井さんも息子さんも施設で最期を迎えたいと言われたが，今もその意向に変化がなければここで看取れるように態勢を整えよう」と言った。梅本さんは江川さんとともに新井さんの思いを確認しようと居室を訪問したが，声かけにも目をつむり，つらい表情を浮かべるだけで返答はなかった。連絡を受け来所した長男に対し，江川さんは老健医師同席のうえで今の思いを確認した。すると長男は「……父との思い出が詰まった自宅に連れて帰ってあげたい，というのは無理ですよね」と口にした。長男の言葉に江川さんは，その思いを叶える可能性を模索したいと医師に伝える。医師はそれまで新井さんのいのちがもたないかもしれないと懸念する。

　その日から新井さんはゼリー等の経口摂取を受け入れなくなり，呼びかけても目を開けることもできなくなる。その翌日には意識が朦朧としだし，下顎呼吸（下の顎を上下させ喘ぐようにする呼吸で，死期が近づいている兆候のひとつ）がはじまり血圧も低下する。梅本さんたち老健職員は看取りの覚悟を決め，新井さんが長男とともに過ごすことができるよう環境を整えた。

　江川さんが石田さんとともに自宅で過ごすためのサービスの調整を模索していた最中，新井さんは長男に見守られ，この世から旅立った。

　事例では新井さんが老健に入所してから死を迎えるまでの様子が描かれている。ここからわかるように，新井さんは死ぬことを意識して老健に入所したわ

けではない。体力の衰えを自覚しており，老健に入所することで少しでもその部分を補い，いずれは自宅に帰ることを想定していただろう。結果的には老健で最期を迎えたのだが，このことは，老健をはじめとした施設で行われている終末期ケアは，利用者が生を全うするために行う普遍的な支援の延長線上にあることを示しているといえよう。

　そうした施設における終末期ケアを行うことを介護報酬上評価するものとして，ターミナルケア加算の算定が認められている。これは医師が医学的知見に基づき回復の見込みがないと判断した利用者で，医師や看護職員，介護職員，そして支援相談員等が共同して，利用者本人や家族に対して十分な説明を行い，合意を得ることを通して，その人らしさを尊重した看取りができるよう支援することを評価したものである。つらさや苦しさなどを緩和させる目的で行われる点滴や酸素，喀痰吸引などの医療行為は医師や看護師による適正な介入が必要である。しかし，支援する専門職の多くはケアワーカーである福祉職であるため，日中のみならず夜間帯の勤務をケアワーカーのみで行うことはめずらしくなく，死と対峙するうえでの不安や恐怖心など，勤務することへの負担感の増加は計り知れない。

　ターミナルケア加算が介護報酬上認められるということは，老健において終末期ケアが必要なものであるという制度的担保を持たせる意味もあるとともに，加算を算定することにより得た介護報酬をもとに，看取りの充実にかかる物的・人的資源の充足や必要な教育を行うことにも寄与するであろう。

（2）終末期におけるソーシャルワーク

　それとともに，ターミナルケア加算の算定要件として，看取りに係る支援計画が作成されていることと，「人生の最終段階の医療・ケアの決定プロセスに関するガイドライン」等の内容に沿った取り組みが行われることを求めている。

　前節で記したが，同ガイドラインではACPの考え方が反映されている。ACPとは，家族等や医療・ケアチームと利用者本人が利用者本人のこれからの生について事前に繰り返し話し合うプロセスのことを指す。事例のなかで新井さんが自宅で暮らしていた時と老健に入所した後では最期をどこで過ごすか

という思いに変化が生じていたが，考え方や意思はその時々，新井さんを取り巻く環境や条件等によって変化することを示している。そのため，介護支援専門員の石田さんや支援相談員の江川さんは，ACP を繰り返し行うことを通して，変化するであろう新井さんや長男の意向の把握に努めている。それでも，新井さんの長男は新井さんの状態が悪化した際には「父との思い出が詰まった自宅に連れて帰ってあげたい」と発言しているように，人の思いは常に変わっていくのである。江川さんは長男のその思いを否定するのではなく，考え，共に揺れるべく行動した。その行動には，新井さんや長男のためにできる限りを尽くそうとする老健側の姿を提示するという意味もある。これは新井さん亡き後の長男に対する**グリーフケア**にもつながっていく。

　ソーシャルワーカーの倫理綱領にある倫理基準には，「クライエントの利益の最優先」や「自己決定の尊重」「参加の促進」「意思決定への対応」などが謳われている。軸となる主体は利用者本人であり，利用者本人が参加したなかでの意思決定が尊重されるべきだが，認知症の進行や心身状態の変化など様々な要因によって利用者本人の思いを尊重することが困難な状況が生じる。そうした時にもソーシャルワーカーは倫理綱領に立ち返り，利用者である新井さんの思いを尊重するために積極的な行動が求められる。利用者の意向を入所時にあらかじめ文書に記す事前指示書（アドバンス・ディレクティブ）の取り組みはそのひとつといえよう。

（3）終末期におけるケアワーク

　事例において，新井さんの体調変化に最初に気づくのは，医師でも看護師でもなく介護福祉士の梅本さんである。これは，利用者の生に一番身近な位置で接し，衣食住をはじめとした直接的な支援を行う頻度が多いことも要因として挙げられよう。

　2018（平成30）年に改訂された「人生の最終段階の医療・ケアの決定プロセスに関するガイドライン」では，医療・ケアチームのなかに介護従事者が明確に位置づけられた。本節でも述べているように同ガイドラインでは ACP の考え方が反映されている。介護福祉士の梅本さんは新井さん本人のそばで新井さ

んの心身の変化に着目しながら，必要なことを医師や看護師，支援相談員の江川さんと共有することで，新井さんの思いを汲み取り代弁してきた。

　新井さんが老健に入所してから最期を迎えるその瞬間まで，そして最期を迎えてから死後処置を終え老健から退所するまで，新井さんの生を支えるために多くの時間をともにするのは紛れもなくケアワーカーである。新井さんがあたり前に有する様々な権利が行使できているか，または侵害されてはいないかなど，アドボケイトしていく行動が求められる。そして支援をすることによってよりよい生を送るための提案が行えるよう，新井さんの人生観や価値観，生き方を知り，それを介護計画へと反映させ，多職種と協働してチームで支えるために発信していくのである。

3　終末期における支援過程において意識すること

　これまでの学びを踏まえて，終末期における支援過程において意識すべきことをまとめる。これは，ソーシャルワーカーとケアワーカーの双方に投げかけるものである。

（1）人の意思は曖昧であり，常に変化していく

　人の意思は時間経過のなかで本人を取り巻く様々な条件等によって変化する。そのため，老健入所の際に取得している事前指示書（アドバンス・ディレクティブ）のような文書で意思を示していたとしても，それが目の前にいる利用者の現在の意思と同じであるとは限らないということを支援者として踏まえておくことが必要である。また，表出した利用者の意思には，他者への思いやりや遠慮，曖昧さなどを含んだものがしばしばあることに留意し，利用者の発する言葉の真意を汲み取ろうとする努力が必要である。一方，認知症を有する利用者の意思を確認することは容易ではないが，日頃の実践を通して知り得る利用者特有の意思表示や何かの会話で表出する言葉の端々などを敏感に捉えようとすることで見出されるものは少なくない。ここでは，利用者の身近な存在であるケアワーカーとソーシャルワーカーとの協働が鍵になる。

（2）多様な支援者と協働する

　施設に入所している人を支援する場合，その施設内の人材・資源等のみで支援を計画することは少なくないだろう。しかし，利用者の生は連続しており，今の利用者は過去の歩みにより構成されている。ゆえに，入所前にかかわっていた支援者を含めた連携や協働は常に意識されるべきであるし，チームとして大切な意思決定を尊重できるような体制づくりが必要である。

（3）不可能を可能にするための仕組みづくり

　終末期というひとりの人の最期の時に寄り添う支援を行ううえで，制度上の縛りや人的資源の不足，はたまたそもそもニーズに合致するサービスが存在しないということは稀ではない。それを補うべく長男等家族・親族の協力や自費サービスの活用，なかには無理をしてでもよりよい支援を行おうとする標準的な業務範囲を超えた多職種の協力で成り立っている実践も存在する。そういった現実を踏まえつつ，ひとりの人の生を全うするうえで必要な支援を実現させるための方策を考えることが求められる。これは実践者たるソーシャルワーカーやケアワーカーが抱いた課題を社会のなかで共有し，考え，具現化しようとするプロセスでもある。

（4）利用者の思いとともに周囲の思いも大切にする

　利用者の思いは，生きてきた日々のなかで紡がれたものである。その思いに触れるため，ソーシャルワーカーは歴史的かつ構造的に利用者を捉え支援しようとする視点や，利用者の生に影響を与えてきた家族や友人，組織を含めた社会とのつながりを大切にする視点が求められる。

（5）利用者の生き方から学ぶ

　終末期における支援は，生きていたひとりの利用者の死をもって終結するが，これまで述べたように課題は多く，その利用者の実践を振り返ることは，今後他者に対して行われる実践の質を向上させることにつながる。多職種とともに行う**デスカンファレンス**は，支援の内容を振り返るとともに，死後の利用者本

人に思いを馳せる時間となる。そしてそこで話し合ったことを含めた振り返りを遺族である家族等に直接もしくは手紙等で伝えることは，悲しみに暮れる家族に対するグリーフケアとなる。

（6）最期の時に寄り添おうとする覚悟

　利用者本人への支援を考える時，相手にとって何が最善かを模索するわけだが，その時には自分だったらどう思うか・考えるかということを思いめぐらす。これは人の死に向き合う支援においても同様である。**アルフォンス・デーケン**（A. Deeken）は，死を考えることは生を考えることとして**死への準備教育（デス・エデュケーション）**を提唱している。

　ソーシャルワーカーもケアワーカーも，利用者を主体者としてその生の歩みをそれぞれの視点から専門的に支援する専門職である。そして私たちはすべての人のいのちは無条件に尊いものであることを知っている。だが，終末期を目の前にした時に，利用者の意思や家族の意思，はたまた組織としての意思など様々な意向が錯綜し，ジレンマのなかで支援の方向を見失いそうになる。

　そうした時に力になるのは，自身がどのような考え方を持ち，死を迎える利用者の思いに少しでも寄り添おうと，その立場になったらどう思うかなど自分事として考えてみることである。そしてそれを通して感じ方や考え方，自身の技量・力量を把握する自己覚知が求められる。このことは終末期という利用者本人の死に対峙する支援を行ううえで大切なことである。

　利用者は自身のいのちが燃え尽きるまで生きようとしている。私たちはそういった尊い瞬間に寄り添い，本人の主体的な「生きる」を支えるのである。

注
(1)　日本救急医学会・日本集中治療医学会・日本循環器学会（2014）「救急・集中医療における終末期医療に関するガイドライン」（https://www.jaam.jp/info/2014/pdf/info-20141104_02_01_02.pdf　2022年9月11日閲覧）。
(2)　全日本病院協会（2016）「終末期医療に関するガイドライン——よりよい終末期を迎えるために」（https://www.ajha.or.jp/voice/pdf/161122_1.pdf　2022年9月11

日閲覧）。

(3)　介護老人福祉施設（特別養護老人ホーム）では，介護報酬上で看取りを評価するものとして，看取り介護加算の算定が認められている。

(4)　喀痰吸引は医行為であり，医師や医師の指示を受けた看護師等が実施するものであるが，介護福祉士および一定の研修を受けた介護職員等は，登録研修機関が行う研修を受け，実施者として登録をすることによって喀痰の吸引等の行為を実施することができるとされている。

参考文献

厚生労働省（2018）「人生の最終段階における医療・ケアの決定プロセスに関するガイドライン」(https://www.mhlw.go.jp/file/06-Seisakujouhou-10800000-Iseikyoku /0000197721.pdf　2022年9月11日閲覧）。
デーケン，A.（1996）『死とどう向き合うか』NHK出版。
山崎章郎（1990）『病院で死ぬということ』主婦の友社。

学習課題

①　「人生の最終段階における医療・ケアの決定プロセスに関するガイドライン」を読み，支援者として大切にしたいと思ったところを挙げてみよう。
②　死への準備教育が必要とされた背景について調べてみよう。

キーワード一覧表

- □　**延命治療**　病気の治癒を目的とせず，本来であれば終焉するいのちを引き延ばすことを目的とした治療のこと。主な内容は人工呼吸や人工栄養，人工透析が挙げられる。これらの治療は開始すると途中で中止することが困難であることから，開始する際は患者の意向が重要となる。　　　148

- □　**ホスピス・緩和ケア**　死にゆく患者を全人的存在として最後の瞬間まで生に焦点をあてた支援をするところにホスピスの理念がある。また死にゆく患者の多くは肉体的・精神的・社会的・そしてスピリチュアルな痛みを自覚するが，それら痛みの緩和を目的として実施される支援の総称を緩和ケアという。　148

- □　**リビングウィル／アドバンス・ディレクティブ**　いずれも受ける医療に関して文書に書き記す事前指示ではあるが，代理意思決定者を定めているか否かの違いがある。アドバンス・ディレクティブには，①代理人指示と②内容的指示という2つの要素が含まれ，リビングウィルは②のみを指す。　148, 153

- □　**アドバンス・ケア・プランニング（ACP）**　人の意思は日々変化することを前提に，この先行われる治療や療養生活について，利用者や家族等，そして医

療・ケアチームとが事前に話し合うプロセスのことをいう。人々にとってア
ドバンス・ケア・プランニングがより親しみやすいものとなるために，2018
（平成30）年に厚生労働省が「人生会議」という愛称を定めた。また，11月
30日を人生会議の日として普及啓発を行っている。　　　　　　　　　149

□　**グリーフケア**　大切な人との死別を通して生じる喪失感情と現実を見つめ進も
うとする感情との間で揺れる状態をグリーフといい，その状態に意図的に介
入して緩和をするためのきっかけづくりを伴う支援を行うことをグリーフケ
アという。　　　　　　　　　　　　　　　　　　　　　　　　　　153

□　**デスカンファレンス**　利用者の死後，その実践の内容を関係者間で振り返る検
討会のことをいう。デスカンファレンスには実践の質向上を図る側面と，実
践に伴って生じた感情を表出させ共有することを通して専門職への精神的ケ
ア，特にバーンアウトを予防しようとする側面がある。　　　　　　　155

□　**アルフォンス・デーケン**　ドイツ生まれの哲学者で，上智大学名誉教授。1959
（昭和34）年に来日し，死生学研究を行う傍ら1982（昭和57）年に生と死を
考える会を設立するとともに，死への準備教育を掲げ，死とどう向き合うか
ということの普及に努めた。2020（令和2）年に死去した。　　　　　156

□　**死への準備教育（デス・エデュケーション）**　死について語ることがタブー視
される日本において，自己と他者の死に備える心構えを習得するべく，死を
考えることは生を考えることとして行われた。全年齢を対象とし，特に小・
中・高校生や大学の講義などでも実施されている。　　　　　　　　156

ワークシート

1．死について考える（ゆっくりと真剣に考えてみましょう）

① あなたにとって一番大切な人は誰ですか？　じっくりと考えて書きましょう。

> 一番大切な人　　例）親，子ども，パートナーなど

② ①で書き出した大切な人と，今を境に一生会えなくなるとしたら，どのような気持ちになりますか。率直な思いを書き出しましょう。

　これは疑似体験ですので，実際に書き出した人と一生会えなくなるわけではありません。ですが，死を迎える人や死を見送る人はこれに近い心境になります。この体験を通して，死を意識するからこそ大切な人と過ごす時間を大切にしようと思えたりしませんか？　死を考えることは生を考えることにつながります。

2．意思決定支援（理解促進）

① アドバンス・ディレクティブとアドバンス・ケア・プランニングの意味について書き出し，2つの違いについてまとめてみましょう。

アドバンス・ディレクティブとは	アドバンス・ケア・プランニングとは
違いは何？	

② アドバンス・ケア・プランニング（人生会議）ではどのようなことが話されているでしょうか。インターネット等で調べて書き出しましょう。

第 V 部

ケアワークとソーシャルワークの
連携と役割

第13章

入所型福祉施設における連携と役割

　本章では，入所型福祉施設における各職種の連携と役割の実際について，特にケアワーク（介護）とソーシャルワークの連携と役割を中心に，介護老人福祉施設（特別養護老人ホーム）を代表として取り上げ，主な職種と役割，各職種の固有の専門性，ソーシャルワークの機能等について説明する。さらに，多職種連携の実際について3つの事例を挙げて解説する。最後に若干ではあるが，障害者支援施設におけるケアワークとソーシャルワークの形態についても触れる。

1　介護老人福祉施設における多職種連携

（1）介護老人福祉施設における職種と役割

　介護老人福祉施設（特別養護老人ホーム）は，原則として要介護3以上の利用者（入所者）に対して，**施設サービス計画**に基づいて，入浴，排せつ，食事等の介護その他の日常生活上の世話，機能訓練，健康管理および療養上の世話を行うことを目的とする施設である。介護保険法上の名称は介護老人福祉施設，老人福祉法上の名称は特別養護老人ホームである。入所定員は30名以上であり，従来型と**ユニット型**がある。

　介護老人福祉施設では，表13-1に示すような様々な職種が配置され，連携して利用者を支援している。最も人数が多いのが介護職員であり，利用者と最も密接に接し，その日常生活を支援している。介護職員を中心として，健康面に関しては看護師，医師，機能訓練指導員，（管理）栄養士，調理員などの職

162

表13-1　介護老人福祉施設の主な職種と人員基準

施設長	1名（常勤で）
介護職員または看護職員	利用者（入所者）3名またはその端数を増すごとに1名以上（常勤換算で）（うち看護職員は利用者31〜50名では2名以上，51〜130名では3名以上。1名以上常勤で）
生活相談員	利用者（入所者）100名またはその端数を増すごとに1名以上（常勤で）
介護支援専門員（ケアマネジャー）	利用者（入所者）100名またはその端数を増すごとに1名以上を標準とする（常勤で）
医師	健康管理および療養上の指導を行うために必要な数（嘱託がほとんどである）
機能訓練指導員	1名以上（看護師，准看護師，理学療法士，作業療法士，言語聴覚士，柔道整復師，あん摩マッサージ指圧師，はり師・きゅう師のいずれかの資格が必要。兼務可）
栄養士または管理栄養士	1名以上（介護報酬における加算の算定に必要な人数を勘案して，常勤1名以上の管理栄養士であることが多い）
調理員	実情に応じた適当数
事務員	実情に応じた適当数

出所：筆者作成。

種が，社会生活面に関しては介護支援専門員（ケアマネジャー）や生活相談員などの職種が連携し，利用者の生活全体を支援している。このように多くの職種が連携して利用者の生活全体を支援することを多職種連携やチームケアという。

（2）ICF 生活機能モデルを援用した各職種の固有の専門性の理解

　各職種にはそれぞれ固有の専門性があり，それを発揮しながら他の職種と連携して利用者の生活を支援している。ここでは，医師による診療実践，看護師による看護実践，介護職員による介護実践，介護支援専門員（ケアマネジャー）や生活相談員によるソーシャルワーク実践の4つの実践を取り上げ，ICF（国際生活機能分類）の生活機能モデルを援用して，各職種の固有の専門性について説明する。

　各職種は当然ながら，図13-1の生活機能モデルの構成要素全体すなわち利用者の生活全体を対象として実践を行っている。ただし，各職種にはそれぞれ最も重視する構成要素があり，その構成要素に対する支援を「足場」──ある

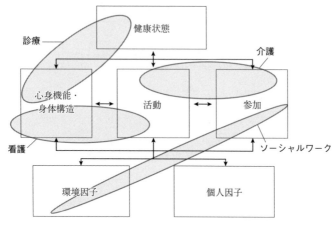

図 13-1　ICF 生活機能モデルにおける各職種の固有の専門性の違い
出所：筆者作成。

いは「持ち場」——としながら，利用者の生活全体を支援している。すなわち，
各職種の固有の専門性はこの「足場」に表れているといえよう。

　職種ごとに固有の専門性についてみてみると（図13-1の楕円形），診療は健
康状態と心身機能・身体構造——なかでも健康状態——に対する支援を足場に
して生活の全体を支援する実践であり，看護は心身機能・身体構造と活動——
なかでも心身機能・身体構造——に対する支援を足場にして生活の全体を支
援する実践であるといえる。それに対して，介護（ケアワーク）は活動と参加
——なかでも活動——に対する支援を足場にして生活の全体を支援する実践で
あり，ソーシャルワークは参加と環境因子に対する支援を足場にして生活の全
体を支援する実践であるといえる。

　この固有の専門性の違いについて，あえて単純化した例を挙げて説明してみ
よう。ある疾患を持つ介護老人福祉施設の利用者（入所者）の外出レクリエー
ションを実施する場合，医師や看護師はその利用者の体調が外出レクリエー
ションに耐えられるかや，どういった配慮が必要か（健康状態／心身機能・身体
構造）等を重視する。それに対して，介護職員は利用者にその外出レクリエー
ションをいかに楽しんでもらえるか（活動・参加）等を重視する。一方，ソー
シャルワーカーは，その外出レクリエーションを実現するための**社会資源**の活

用や開発（環境因子）等を重視する。たとえば，一緒に出かけられるように家族と調整したり，店や遊技場にその利用者を受け入れる体制を整備できないか交渉したりする。

　ただし，ここで挙げた例はあくまで各職種の「足場」であり，それぞれ自らの「足場」を確実に固めたうえで，他の職種の「足場」の築き具合を確かめつつ，4職種すべてがそれぞれに，結局は利用者の「体調」「楽しさ」「社会資源」等のすべてを視野に入れながら外出レクリエーションの支援を行うのである。

（3）介護老人福祉施設におけるソーシャルワークの機能とその担い手

　ソーシャルワークの機能には様々な考え方があるが，ここでは表13-2のような6つの機能にまとめておく。①「支持・援助」機能とは，面接等を通して直接クライエントに対して支持・援助（心理的支援を含む），指導，教育等を行うことである。②「仲介・調整・組織化」機能とは，クライエントと社会制度（社会資源）間および各社会制度間（各社会資源間）の仲介や調整，社会資源の組織化を行うことである。③「権利擁護・代弁・エンパワメント」機能とは，クライエントの権利擁護，代弁，エンパワメントを行うことである。④「組織マネジメント・人材育成」機能とは，クライエントを支援する機関・団体・組織内のマネジメントや人材育成を行うことである。⑤「福祉課題の普遍化」機能とは，個別のクライエントの福祉課題を地域や社会全体の福祉課題として普遍化し，提言を行うことである。⑥「社会開発・社会資源開発」機能とは，新たな社会資源の開発や社会制度（施策・地域社会等）の改善に寄与することである。

　表13-1で示した介護老人福祉施設における職種のなかで，生活相談員と介護支援専門員（ケアマネジャー）がこれら6つのソーシャルワークの機能を担うソーシャルワーカーであるといえよう。ケアマネジャーをソーシャルワーカーとすることには異論があるかもしれない。しかし，ケアマネジャーを単なるプラン作成と給付管理業務のみを行う職種にとどめるべきではない。そもそも真に利用者に資するケアプランを作成し，実施しようとするならば，上記のソーシャルワークの6つの機能を果たさざるを得ないはずである。制度上はケアマ

表13-2　ソーシャルワークの機能

①「支持・援助」機能
②「仲介・調整・組織化」機能
③「権利擁護・代弁・エンパワメント」機能
④「組織マネジメント・人材育成」機能
⑤「福祉課題の普遍化」機能
⑥「社会開発・社会資源開発」機能

出所：第9回社会保障審議会福祉部会福祉人材確保専門
　　　委員会（2017）「資料1　ソーシャルワークに対する
　　　期待について」をもとに筆者作成。

表13-3　介護老人福祉施設のソーシャルワーカーのタイプ

タイプ1　生活相談員の専任の者　＋　ケアマネジャーの専任の者
タイプ2　生活相談員とケアマネジャーの兼任の者
タイプ3　生活相談員と介護職員の兼任の者　＋　ケアマネジャーの専任の者
タイプ4　生活相談員の専任の者　＋　ケアマネジャーと介護職員の兼任の者
タイプ5　生活相談員と介護職員の兼任の者　＋　ケアマネジャーと介護職員の兼任の者

出所：筆者作成。

ネジャーになるためにはソーシャルワーカー（社会福祉士）であることは課されていないが，実際にケアマネジメント実践を行う前には少なくともソーシャルワークの基礎を学んでおく必要があるだろう。さらに，ケアマネジメント実践を行いながら，ソーシャルワークについて学び続けていく必要があるだろう。

　介護老人福祉施設の生活相談員やケアマネジャーは，配置基準を満たしかつ利用者の処遇に支障がない場合は兼任することが可能である。したがって，介護老人福祉施設のソーシャルワーカーには表13-3のような様々なタイプがみられる。タイプ3〜5のように介護職員と兼任するのは人材不足からだと考えられるが，施設のソーシャルワーク機能の充実という観点からみればけっして望ましいとはいえない。また，実際の現場で多いのはタイプ1であろうが，ケアマネジャーはソーシャルワーカーであるべきであるという上述した考え方からすると，タイプ1よりも生活相談員とケアマネジャーの両方を行う人材を2倍配置するタイプ2の体制の方が望ましいといえる。

2　介護老人福祉施設における多職種連携の実際

　生活相談員とケアマネジャーの兼任の者でソーシャルワーカーが構成されている，表13-3のタイプ2の介護老人福祉施設（特別養護老人ホーム）の事例をもとに，多職種連携の実際をみていこう。特別養護老人ホームA園（以下，特養A園）はユニット型で，入所定員は90名，ショートステイの定員は10名の施設である。ソーシャルワーカーは3名配置されており，天野ソーシャルワーカーはその一人である。

　以下では3つの事例を示し，それぞれに解説を加える。解説では各職種の機能と連携について述べる。なお，ソーシャルワーカーについては表13-2の6つのソーシャルワークの機能を参照しながら解説する。

事例1　入所後元気がない澤田さんに対する支援における多職種連携

　澤田幸一さんは78歳の要介護3の男性である。特養A園に入所して6か月が経つ。年相応の物忘れがある程度である。近くに娘が住んでいるが，仕事の関係でひとり暮らしの澤田さんの世話をすることができず，入所となった。澤田さんは入所することに納得しておらず，入所して以来元気がなく，日中は特に何もせず，テレビを見て主に自室にて過ごしている。リハビリにも消極的である。

　天野ソーシャルワーカーは，ある介護職員から「そういえば，澤田さんは時々窓際で両手で長方形を作り覗き込んで，構図を決めるような仕草をしている」との情報を得た。[1]　天野ソーシャルワーカーは入所前の自宅訪問の際，たくさんの写真が飾ってあったことを思い出し，澤田さんと話してみた。最初は口を濁していたが，傾聴を重ねることで「写真が生きがいだった」「もう一度撮ってみたい」という言葉がポツリポツリと出てきた。[2]

　天野ソーシャルワーカーは娘に連絡し，澤田さん愛用のカメラを持ってきてもらった。ケアプランに「写真撮影」を組み込み，介護職員は行事の時など澤田さんに撮影係を依頼した。[3]　今まで自分で立とうしなかった澤田さんが，構図の良い写真を撮ろうと思わず立ち上がる場面があった。介護職員たちは安全に配慮しつつ，「すごい！　澤田さん，立ててますよ！」と感動の声を上げた。これをきっか

けに澤田さんは機能訓練指導員のリハビリにも積極的に取り組みはじめ，「外に撮影に行きたい」という言葉も出てきた。娘，看護師，介護職員が同行し，思い出の場所に出かけることができた。[4]　介護職員は施設内に澤田さんの作品を飾りはじめた。澤田さんは最近，見違えるように表情がいきいきとしてきている。[5]　天野ソーシャルワーカーは地域の写真サークルに澤田さんが参加できないか，検討をはじめている。[6]

〈解説〉

[1] 利用者に最も身近な位置にいる介護職員は，利用者の情報を最も得やすい立場にいる。また，この介護職員は得た情報をきちんと他職種に伝達している。

[2] ソーシャルワークの「支持・援助」機能。傾聴を重ね，信頼関係を築くことで澤田さんは心を開いていった。

[3] ソーシャルワークの「支持・援助」機能。天野はソーシャルワークの一技法としてケアマネジメントを実践している。澤田さんの生活歴，**ストレングス**や役割等に着目している。

[4] ソーシャルワーカーや介護職員だけではなく，機能訓練指導員や看護師など多職種が連携して澤田さんを支援している。また，家族（娘）も支援に参加している。澤田さんの生活の場が施設外にも広がりはじめている。

[5] 不本意な入所をせざるを得なくなり，ある意味パワーレスな状態にあった澤田さんに対する今回の一連の支援をエンパワメントと捉えることもできるのではないだろうか（ソーシャルワークの「権利擁護・代弁・エンパワメント」機能）。

[6] 施設の支援は施設内の社会資源の活用のみで完結しがちである。天野ソーシャルワーカーは地域にある社会資源と継続的に澤田さんを結びつける支援を考えている（ソーシャルワークの「仲介・調整・組織化」機能）。

事例2　看取り期の高木さんに対する支援における多職種連携

　高木静江さんは95歳の要介護5の女性である。最近，食事介助を試みても食べようとせず，食事量が落ちてきている。医師は看取り期に入ってきていると考えている。施設長は施設で看取りケアを積極的に行っていきたいと考えているが，介護職員のなかには不安を抱く者が多い状況である。そこで，天野ソーシャルワーカーは，

介護主任とともに看取りケアの職員研修を企画，実施した。[1]

　職員研修を通して，介護職員は看取りケアは日常の介護実践の延長上にあり，高齢者の死は「自然」なことなのだと徐々に理解し，不安が取り除かれていった。さらに，「利用者が食べようとしない時に無理に介助することはやめていこう」「食べたい時に食べられるだけの量でよい」という意識に変わっていった。

　しかし，このことで介護職員と高木さんの娘とでトラブルが起こった。娘は施設入所後も高木さんの世話に熱心で，介護職員が途中で食事介助をやめることに不満を持ち，自身でやや強引に食事介助を行い，そのことで介護職員と軽い口論になったことがあった。介護職員は，娘と自分たちとでは距離が近すぎると感じ，天野ソーシャルワーカーに娘と話し合いをもってほしいと依頼した。天野ソーシャルワーカーは娘の気持ちを傾聴するとともに，利用者の家族を対象とした「死生と看取りケア」の講演会を開催し，娘を誘った。娘は看取りケアについて徐々に理解を深め，介護職員との対立もなくなっていった。[2]　その後，天野ソーシャルワーカーはこの講演会を地元の自治会との共催という形で継続して実施している。[3]

　天野ソーシャルワーカーは娘と話すなかで高木さんが若い頃おはぎ作りが得意だったことを知り，思い出のおはぎ作りを管理栄養士の協力を得ながら本人，娘，他の利用者を交えて行った。看護師と介護職員が嚥下状態に注意しながら介助すると，[4]　高木さんは美味しそうに普段では考えられないくらいたくさんのおはぎを食べることができた。

　高木さんが亡くなられた後，「張り合いがなくなった」と漏らす娘に天野ソーシャルワーカーは，施設のボランティア会に入って，ボランティアをしてくれないかと誘った。娘はその後ボランティアとして張り切って活躍してくれている。[5]

〈解説〉

[1]「組織マネジメント・人材育成」機能に関しては，施設全体についてはソーシャルワーカーが担い，介護職員については介護職員のチームマネジャーが担うことが一般的である。ソーシャルワーカーが職員研修を企画，実施する際には，介護職員のチームマネジャーと連携を図りながら行う必要がある。

[2] ソーシャルワークの「仲介・調整・組織化」機能。悪化していた介護職員と娘との関係を調整している。娘の看取りケアに関する理解を高める支援を行っているという意味で，ソーシャルワークの「支持・援助」機能（教育的機能）も

果たしているといえる。

［3］ソーシャルワークの「社会開発・社会資源開発」機能。最初は家族に対して実施していた講演会を地域住民にまで対象を広げることによって，在宅で看取りケアに直面している——あるいは今後直面する可能性のある——地域住民にとっての新たな社会資源を開発している。

［4］ソーシャルワークの「仲介・調整・組織化」機能。管理栄養士，看護師，介護職員などがそれぞれの専門性を発揮できるよう調整している。

［5］娘に施設ボランティアを紹介することは，娘に対する**グリーフケア**（悲嘆ケア）という側面がある。介助や看取りの経験という娘のストレングスを活かす支援でもある（ソーシャルワークの「支持・援助」機能）。また，亡くなった利用者の家族が施設ボランティアになって活躍するという好循環を生み出すことは，新たな社会資源の開発という側面もある（ソーシャルワークの「社会開発・社会資源開発」機能）。

事例3　徘徊のある梅木さんに対する支援における多職種連携

　アルツハイマー型認知症を患っている梅木八重さん（80歳・女性・要介護4）は，入所して以来，職員が気づかない間に施設の外へ出てしまい，職員総出で探すということが2回起こってしまった。警察にも通報し，1回目はコンビニエンスストアの店員が，2回目はタクシーの運転手が発見してくれて，大事には至らなかった。

　天野ソーシャルワーカーはリスクマネジメント会議を主導して開催し，センサーマットの導入，GPSの導入，事務職員も含めた職員の見守り体制の強化などの対策を検討した。［1］　同時に天野ソーシャルワーカーは施設内の対策だけにとどめるべきではないと考えた。デイサービスやショートステイの利用者にも同じような問題は起きており，地域全体で徘徊見守り体制を作れないかと考え，定期的に参加している**地域ケア会議**で提案した。特養A園を本部として，地域の自治会，店舗，企業，公共機関，学校，社会福祉協議会，介護事業所などと連携し，徘徊見守りの模擬訓練を実施することになった。［2］

〈解説〉

［1］ソーシャルワークの「仲介・調整・組織化」機能。さらに，事務職員の勤務体制の変更や，見守りに対する意識の向上まで実施するならば，「組織マネジメ

　　ント・人材育成」機能も果たすといえる。

［2］天野ソーシャルワーカーは認知症高齢者の徘徊に対する対応を施設内だけの課
　　　題ではなく，地域の課題として普遍化している（ソーシャルワークの「福祉課
　　　題の普遍化」機能）。さらに，地域ケア会議に提案し，地域全体の徘徊見守り
　　　の模擬訓練の実施にまでつなげている（ソーシャルワークの「社会開発・社会
　　　資源開発」機能）。

3　障害者支援施設におけるケアワークとソーシャルワーク

　介護老人福祉施設では，ケアワーク機能を専任する職種として介護職員が，
ソーシャルワーク機能を専任する職種として生活相談員や介護支援専門員（ケ
アマネジャー）がいた。一方，障害者支援施設では，ソーシャルワーク機能を
専任する職種として**サービス管理責任者**がいるものの，ケアワーク機能を専任
する職種は存在しない。障害者支援施設で最も人数が多く，利用者（入所者）
と最も密接に接し，その日常生活を支援する職種である生活支援員は，ケア
ワーク機能とソーシャルワーク機能の両方を兼任する職種として位置づけられ
ている。⁽²⁾

　したがって，第1・2節で介護老人福祉施設を例として述べたような多職種
連携については，障害者支援施設においても同様に実践されているものの，特
にケアワークとソーシャルワークの連携については生活支援員がいわば「一人
二役」で実践する形となっている。この体制は，メリットとしてはケアワーク
とソーシャルワークの連続的あるいは一体的な実践がなされやすいことが挙げ
られる。一方，デメリットとしてはそれぞれの専門性が希薄となるおそれがあ
ることが挙げられる。生活支援員がケアワーク機能とソーシャルワーク機能の
両方をいかに意識的に実践するかが問われている。

　また，介護老人福祉施設と比較して，障害者支援施設においては「脱施設
化」や「地域移行」がより重要な課題となる。生活支援員にはケアワーク機能
とソーシャルワーク機能を効果的に組み合わせて，この課題に取り組むことが

求められている。

注

(1)　第9回社会保障審議会福祉部会福祉人材確保専門委員会（2017）「資料1　ソーシャルワークに対する期待について」。

(2)　たとえば，生活支援員は「相談援助業務の実務経験として認められる職種」であるため，その実務経験をもって社会福祉士を受験することができる。また，生活支援員は「介護等の業務を行なう」職種としても認められているので，その実務経験をもって介護福祉士を受験することもできる。ただし，相談援助としての実務経験日数と介護等の業務としての実務経験日数を重複して換算することはできない（「社会福祉士及び介護福祉士法施行規則」（昭和62年厚生省令第49号）第2条および「指定施設における業務の範囲等及び介護福祉士試験の受験資格の認定に係る介護等の業務の範囲等について」（昭和63年2月12日付社庶第29号））。

学習課題

①　辞典，教科書，法令などを調べて，「介護」「介護福祉」「ケア」「ケアワーク」「ソーシャルワーク」「介護福祉士」「社会福祉士」がどのように定義されているのかについて整理してみよう。

②　あなたは障害者支援施設にて実習を行っています。実習指導者から「ソーシャルワークの視点とケアワークの視点の両方を意識して実習に取り組んでみましょう」という指導を受けました。本日，利用者の外出支援（散歩）を行うことになりました。その際，どういう点に注意して実習することが「ソーシャルワークの視点での実習」となるのでしょうか。また，「ケアワークの視点での実習」となるのでしょうか。それぞれについて考えてみよう。

キーワード一覧表

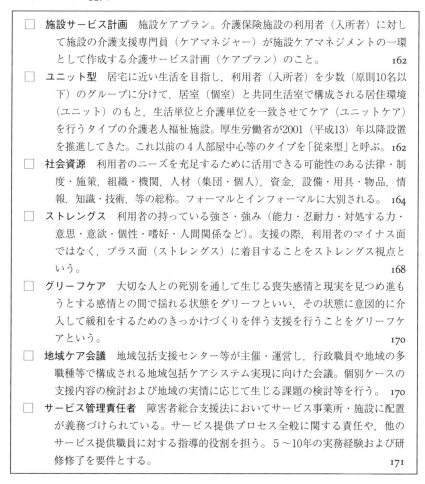

□ **施設サービス計画**　施設ケアプラン。介護保険施設の利用者（入所者）に対して施設の介護支援専門員（ケアマネジャー）が施設ケアマネジメントの一環として作成する介護サービス計画（ケアプラン）のこと。　162

□ **ユニット型**　居宅に近い生活を目指し，利用者（入所者）を少数（原則10名以下）のグループに分けて，居室（個室）と共同生活室で構成される居住環境（ユニット）のもと，生活単位と介護単位を一致させてケア（ユニットケア）を行うタイプの介護老人福祉施設。厚生労働省が2001（平成13）年以降設置を推進してきた。これ以前の4人部屋中心等のタイプを「従来型」と呼ぶ。162

□ **社会資源**　利用者のニーズを充足するために活用できる可能性のある法律・制度・施策，組織・機関，人材（集団・個人），資金，設備・用具・物品，情報，知識・技術，等の総称。フォーマルとインフォーマルに大別される。　164

□ **ストレングス**　利用者の持っている強さ・強み（能力・忍耐力・対処する力・意思・意欲・個性・嗜好・人間関係など）。支援の際，利用者のマイナス面ではなく，プラス面（ストレングス）に着目することをストレングス視点という。　168

□ **グリーフケア**　大切な人との死別を通して生じる喪失感情と現実を見つめ進もうとする感情との間で揺れる状態をグリーフといい，その状態に意図的に介入して緩和をするためのきっかけづくりを伴う支援を行うことをグリーフケアという。　170

□ **地域ケア会議**　地域包括支援センター等が主催・運営し，行政職員や地域の多職種等で構成される地域包括ケアシステム実現に向けた会議。個別ケースの支援内容の検討および地域の実情に応じて生じる課題の検討等を行う。　170

□ **サービス管理責任者**　障害者総合支援法においてサービス事業所・施設に配置が義務づけられている。サービス提供プロセス全般に関する責任や，他のサービス提供職員に対する指導的役割を担う。5〜10年の実務経験および研修修了を要件とする。　171

ワークシート

　表13‒1を参考に，法令などを調べて，障害者支援施設が生活介護を行う場合の主な職種と人員配置基準を表にまとめましょう。

① 職種ごとの配置基準

職　種	配置基準

② 職種を超えて共通する配置基準

第14章

在宅福祉施設・事業所における連携と役割

　本章では，在宅福祉施設・事業所における連携と役割の実際について，在宅支援にかかわる各機関の専門性と役割，介護保険法に基づくケアマネジメントを担う介護支援専門員の役割について触れていく。さらに，支援に必要な本人のセルフケア，提供可能なフォーマルサービス，地域のインフォーマルサービスの活用と，多機関との連携や情報共有の方法について事例を通して具体的に示していく。

1　在宅生活を支える職種と機関

（1）在宅生活を支えるソーシャルワーカー

　ソーシャルワーカーは心理学・社会学・法学や医学などの学問分野の知識に加えて，実践の方法論に関する専門知識を活かし，社会生活に困難や支障のある人の相談に乗ったり，社会的支援活動を行う人の総称である。職務内容としては，高齢者，障害者，ひとり親，生活困窮者等を対象に相談・支援業務及び関係機関との連絡・調整等である。さらに支援が必要な人の環境にも働きかけ，病院や学校，施設など生活にかかわる様々な機関や人との連携・調整も行う。一般的には社会福祉士や児童福祉司など社会福祉支援活動を行う人の総称としてソーシャルワーカーといわれるが，社会福祉士や精神保健福祉士の国家資格を持つ者に対してソーシャルワーカーという場合もあり，働く場所や支援対象者の違いにより呼び方も異なっている。高齢期の生活においては医療と密接にかかわっており，医療現場においてもソーシャルワーカーが配置されている。

① 医療ソーシャルワーカー（Medical Social Worker）

医療ソーシャルワーカーは，病院や，保健所などの保健医療機関に所属し，患者やその家族が抱えている経済的・心理的・社会的な問題を，社会福祉の観点から支援する仕事である。この職種になるために法的に義務づけられている資格要件はないが，多くの職場において「社会福祉士」や「精神保健福祉士」資格を有することが採用条件となっている。その理由はいくつかあるが，2006（平成18）年4月から診療報酬点数表に社会福祉士が位置づけられていることがある。また，精神科の病院では精神保健福祉士が同様に診療報酬の対象となっていることも関係している。

具体的な職務としては，療養中の心理的・社会的問題の解決，調整援助や退院援助，社会復帰援助，受診援助，経済的問題の解決や調整援助などを行っている。さらに患者のニーズに合ったサービスが地域で提供されるよう，関係機関と連携し，地域の保健医療福祉システムづくりの相談にもかかわっている。

② 精神保健領域のソーシャルワーカー（Mental Health Social Worker）

精神保健福祉士は1997（平成9）年にできた国家資格で，精神障害者やその家族から相談を受けたり，社会復帰をするための指導を行うなど，精神保健福祉に関する支援を行う専門職である。精神科のある病院，クリニックだけでなく，保健センターなどにも配置されており，地域で暮らす精神疾患のある人たちと社会資源の調整役を担っている。

③ コミュニティ・ソーシャルワーカー（Community Social Worker）

主に社会福祉協議会や社会福祉施設に所属し，地域において生活上の悩みや問題を抱える個人やその家族に対する相談援助に加えて，その人たちの生活圏の環境整備，地域住民との連携支援を行うコミュニティに焦点をあてた社会福祉活動を行う専門職である。たとえば，独居高齢者で地域から孤立しており，ゴミ屋敷になっている自宅にアウトリーチしながら支援し，既存のサービスでは支援できない場合には，新たなサービスの開発を行う。

④ 生活相談員・支援相談員

生活相談員・支援相談員は介護が必要な高齢者やその家族の相談支援を行い，施設利用者の入・退去に関する手続きや相談・苦情などの窓口対応，医師や介

護支援専門員などの関係各所との調整を行う専門職である。施設や事業所の種別によって，名称が異なることもある。生活相談員は介護老人福祉施設やデイサービスセンター，ショートステイなどの介護施設に配置され，支援相談員は介護老人保健施設に配置されている。相談支援業務に従事する立場であるが，社会福祉士の資格は必須とされていないため，様々な経歴の専門職がその役割を担っている施設もある。

（2）ケアマネジメントの役割と機能

　ケアマネジメントとは「利用者の社会生活上のニーズを充足させるため，適切な社会資源と結びつける手続きの総称」と定義されている。

　日本の高齢者に対するケアマネジメントは，高齢者領域において1989（平成元）年に創設された在宅介護支援センターが，ケアマネジメントの担い手としての大きな役割を果たしてきた。また，障害者に対するケアマネジメントも2006（平成18）年４月に成立した障害者自立支援法（現在の障害者の日常生活及び社会生活を総合的に支援するための法律（障害者総合支援法））のもとで，相談支援事業所において実施されている。

　①　ケアマネジメントの目的

　ケアマネジメントは，多くの人たちができる限り長く，住み慣れた地域社会のなかで生活し続けていけるよう支援することを目的としている。そのために，利用者本人の身体機能的側面のみならず，精神心理的側面や社会環境的側面にも目を向け，総合的に生活の改善・維持が図られることで生活の支援が成り立つ。

　ケアマネジメントを実施するための構成要素は，「ケアマネジメントの利用者」「利用者が在宅生活を送るために必要な社会資源」「利用者と社会資源を結びつけるケアマネジャー」の３つである。

　第一の「利用者」は，介護保険サービスの利用者であれば要支援１から要介護５の人が該当し，介護者である家族も利用者に含める必要がある。第二の「社会資源」については，介護保険制度におけるケアマネジメントの場合，介護保険の居宅介護サービスが占める割合は大きくなるが，それ以外にも成年後

見制度や日常生活自立支援事業，市町村が実施する保健福祉サービス等もある。また，家族や近隣住民，ボランティアなども社会資源に含まれる。障害者に対するケアマネジメントを行う場合は，公共職業安定所（ハローワーク）や職業リハビリテーションセンター，ジョブ・コーチ（職場適応援助者）などを社会資源として活用することもある。第三の「ケアマネジャー」の最も重要な役割は，利用者のニーズを明らかにし，社会資源と結びつけることである。

　介護保険制度では居宅介護支援事業所のなかに位置づけられた介護支援専門員という名称で呼ばれている。一方，障害者総合支援法では，相談支援事業所においてケアマネジメントが実施されている。

②　介護支援専門員の専門性と役割

　ケアマネジメントを担うのが介護支援専門員である。通称ケアマネジャーと呼ばれ，介護保険制度を利用している高齢者や家族の多くはこの通称で認識している。介護支援専門員は，介護保険法のもとで位置づけられた専門職であり，国家資格ではない。同法では要介護者や要支援者の相談や心身の状況に応じるとともに，必要なサービスを受けられるようケアプランの作成や市町村・サービス事業者・施設等との連絡調整を行う者であり，また，要介護者や要支援者が自立した日常生活を営むのに必要な援助に関する専門的知識・技術を有するものとして介護支援専門員証の交付を受けた者とその役割が記されている。

　介護支援専門員の具体的な職務は，介護保険の目的に沿って，自立した生活を継続すること，また，要介護状態の軽減または悪化の予防を目指して，適切な保健医療サービスおよび福祉サービスが総合的かつ効率的に提供されるよう，利用者を支援することである。そのため，介護支援専門員は，プランニング機能，マネジメント機能，調整機能，相談機能，権利擁護機能を持つ必要がある。その業務は所属する機関の特性に応じ違ってくるが，大きくは居宅における業務（自宅生活する人を対象）と施設（入所施設で生活している人を対象）における業務に分けることができる。

　介護支援専門員になるため（図14-1）には，指定業務に定められた期間従事することで，介護支援専門員実務研修受講試験の受験資格が得られる。具体的には，医師，歯科医師，看護師，保健師，理学療法士，作業療法士，社会福

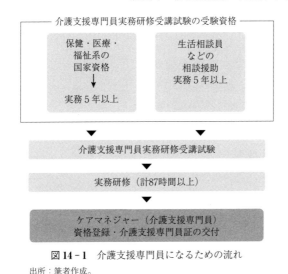

図14-1　介護支援専門員になるための流れ
出所：筆者作成。

祉士，介護福祉士など特定の国家資格を有しているか，または生活相談員，支援相談員，相談支援専門員などの相談援助業務に従事している（いた）者で通算5年以上かつ900日以上の経験がある者に受験資格が与えられる。2006（平成18）年から介護支援専門員の資格は5年の更新制となった。さらに5年以上の実務経験がある者が介護支援専門員の上位資格となる主任介護支援専門員を目指すこともできる。この資格を有する者が必置とされているのが地域包括支援センターである。主任介護支援専門員も2016（平成28）年度から新たに5年ごとの更新研修が必要となり，居宅介護支援事業所，介護老人保健施設などだけではなく，地域包括支援センターなど地域においてとても重要な働きをしている。

（3）在宅生活を支える機関と職種

　高齢者の在宅介護を支えるためには，介護だけでなく医療（保健），住環境，年金等の社会保障さらには，地域との関係やその地域のルール（ゴミ出しなど）といった生活全般に視野を広げていくことが大事である。このことを通して，自分の専門と利用者，そして利用者が必要としているが自分の専門ではないことがみえてくる。だからこそ，生活支援はチームでなければなし得ないのであ

る。では，実際にケアチームはどのような専門職によって構成されるのだろう
か。

　ケアチームを理解するには，各関係者による機関の役割と業務内容を把握す
ることが欠かせない。病院や施設内など，比較的利用者の生活範囲が限られて
いるところでは，その役割を明確に分けることができる，互いの仕事も見える
が，在宅支援の場合には，お互いが利用者の生活支援上のニーズを少しずつカ
バーし合うことも多く，そのカバーできる範囲も確認しておかなければならな
い。さらにいうと，少しずつ重なり合っているからこそ，利用者は安心した暮
らしを送ることができるのである。各専門職の職域を理解したうえで，時には
臨機応変な対応が求められる。以下に主に在宅支援にかかわる機関とそこで働
く専門職について示していく。

　① 居宅介護支援事業所

　居宅介護支援事業所は，介護保険法に基づいて，要介護認定を受けた人が自
宅で介護サービスなどを利用しながら生活できるよう支援する，介護支援専門
員が所属する事業所のことである。介護支援専門員は本人・家族の心身の状況
や生活環境，希望等にそって，居宅介護サービス計画書（ケアプラン）を作成
し，ケアプランに基づいて介護保険サービスなどを提供する事業所との連絡・
調整などを行う。制度上，自宅（居宅）とされている住宅型有料老人ホームや
サービス付き高齢者向け住宅（サ高住）の利用者のケアプラン作成も行う。

　② 地域包括支援センター

　介護保険法に基づき，地域の高齢者が健康で安心して暮らせるように，保
健・医療・福祉の面から総合的に支援するための機関のことである。市区町村
や市区町村が委託する組織により公的に運営されており，市町村に１つ以上設
置されている。

　地域包括支援センターには医療・福祉・介護の専門家である保健師，社会福
祉士，主任介護支援専門員が配置され，地域住民の保健医療の向上および福祉
の増進を包括的に支援することを目的としている。包括的支援事業として，(1)
介護予防事業のマネジメント，(2)介護保険外のサービスを含む，高齢者や家族
に対する総合的な相談・支援，(3)被保険者に対する虐待の防止，早期発見等の

権利擁護事業，(4)支援困難ケースへの対応など介護支援専門員への支援を主な業務としている。地域の高齢者やその家族が困り事が発生した場合に一番最初に相談できる場所でもある。

③　介護保険法に基づく介護サービス提供業者

介護認定を受けて要支援，要介護と判定されると，個々人の必要に応じてケアプランが作成される。

利用できる介護サービスは要介護1〜5の人を対象とした介護給付と要支援の人を対象とした予防給付に分かれ，さらに都道府県が指定・監督を行う居宅サービス，居宅介護支援，施設サービス，介護予防サービスと市町村が指定・監督を行う地域密着型サービス，地域密着型介護予防サービス，介護予防支援に分かれ，それぞれの施設設備や人員配置基準を満たしていることが条件となる。

具体的には，自宅で利用できるサービスと日帰りで施設等を利用するサービス，宿泊するサービス，居住系サービス，施設系サービス，小規模多機能型居宅介護，定期巡回・随時対応型訪問介護看護がある。

④　かかりつけ医

日本医師会は，「健康に関することをなんでも相談できる上，最新の医療情報を熟知して，必要な時には専門医，専門医療機関を紹介してくれる，身近で頼りになる地域医療，保健，福祉を担う総合的な能力を有する医師」とかかりつけ医を定義している。日本総合研究所が2014（平成26）年に報告した調査では，かかりつけ医がいると回答した人は53.7％であり，いないと回答した人が約28％だという。一方で，今はいないがその必要性があると考えている人も含めると70％以上の人がかかりつけ医を必要としていた。

⑤　かかりつけ薬局（薬剤師）

高齢期には，慢性疾患に加えて様々な体調の変化によって，複数服薬している場合がある。かかりつけ薬局は，過去の薬情報や体調，体質などを理解したうえで，薬の調剤を行うことにより，薬の重複や飲み合わせや副作用の兆候が出ていないかを確認し，薬の形状や味などの飲みやすさ，生活に合わせた服用のタイミングの調整等を行うことができる。また，直接服薬している本人に状

態を聴くことによって，いち早く薬剤師の立場から異変に気づいたり，生活習慣と服薬がうまくいっているかどうかを察知することもできる。

（4）日々の暮らしを支えるための社会資源

　社会資源とは，利用者がニーズを充足したり，問題解決するために活用される各種の制度・施設・機関・設備・資金・物質・法律・情報・集団・個人の有する知識や技術等の総称である。

　在宅生活を継続するうえで，本人や家族の力が重要なことはもちろんであるが，その人が暮らす地域に目を向けてみると，「ここだから暮らし続けられる」と実感することがある。厚生労働省の掲げる地域包括ケアシステムの実現に向け，「可能な限り住み慣れた地域で，自分らしい暮らしを人生の最期まで続けることができるよう」目指した実践が各地で取り組まれ，進められている。この地域ならではの取り組みは，当然のように行われており，そこに住んでいる人は気づかないこともある。ひとりの人の支援を通して，地域の力を発見することも専門職の大切な役割である。また，地域の力を活かすコツを伝えることや原動力となる人を育てることもソーシャルワークの重要な役割である。

　目の前に支援が必要な人がいて，専門的支援を求められている時，私たちはフォーマルな社会資源として高齢者福祉関係，障害者福祉関係，児童福祉関係など様々な法律や施設を思い浮かべるだろう。しかし，法律や制度は，対象者や支援の内容，範囲，頻度などが細かく定められているため「該当しない」ことや「利用者が求めていることに対応できる制度がない」ということが起こり得る。その場合，ある人はサービスという形で購入して用立てるかもしれないが，誰もができるわけではなく，そもそも前もって用意したり予測したりすることもできない。そこで大切になるのがインフォーマルな社会資源である。

　インフォーマルな社会資源とは，フォーマルな社会資源と比べて専門性は低く，支援の安定性・継続性の点において不安要素が多いが，支援を必要としている本人との関係性は親密で，融通性が高く，日常生活の支援として具体的にどのようなことが行われているかを確認する必要がある。

　現在社会においては，近所付き合いが希薄になってきている。だからこそ，

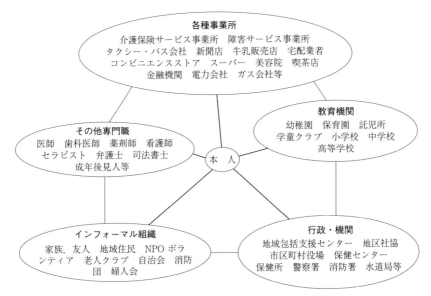

図 14-2　専門職・機関のネットワークイメージ

出所：筆者作成。

福祉専門職は，自分の担当する利用者が暮らす地域やその人の生活にかかわっている人を，まずは把握しておく必要がある。たとえばコンビニエンスストアや，郵便局，スーパー，銀行，よく行く喫茶店などである。このような，顔見知りの関係性がさりげない見守りにもつながることがある。自治体によっては，新聞配達業者やガス会社，電力会社，水道局などのライフラインに関する機関・業者などと提携し，見守りを行っているところもある（図14-2）。

2　在宅生活支援における多職種連携の実際

ここでは，3つの事例をもとに，在宅生活支援における多職種連携の実際をみてみよう。

> **事例1　認知症の人が地域のつながりのなかで生活を続ける**
> 　糖尿病のため入退院を繰り返す佐藤さん（78歳・女性）は，要介護2の認定を受

けている。5年前に夫を亡くし，商店街の一角にある自宅でひとり暮らしをしている。糖尿病の持病があり，体調管理がうまくいかないこともあり，症状が悪化すると入退院を繰り返している。半年くらい前から，認知症の症状がみられるようになってきた。認知機能が低下してきたためか，血糖コントロールのためにインスリン注射の指示を受けているが，管理が難しくなってきている。そのため，毎朝の訪問看護にて血糖測定とインスリン注射を補助し，さらに買い物の付き添い，調理補助のために訪問介護サービスを利用することになった。

　佐藤さんは，毎朝，行きつけの喫茶店でモーニングを食べることを日課としており，時には友人と話が弾むとそのまま滞在して，ランチを食べて帰ってくることもあった。佐藤さんにかかわる専門職は，その生活習慣を大切にしながらも，血糖コントロールを行うための話し合いを行った。「食べ過ぎてはいけない」という認識のある佐藤さんは「間食をしていない」と言うが，血糖値は依然として高いままであった。

　喫茶店の帰りに，隣にある食料品店に立ち寄り，話をすることも多いことがわかった。佐藤さんの長女の協力を得て，ケアマネジャーは長女と一緒に佐藤さんの行きつけの場所に協力をお願いした。喫茶店では健康管理のため，食事に気を付ける必要があること等を説明し，ごはんとおかずの量を少し減らしてもらうこと，食料品店では，購入品目がレシートに出るように変更してもらった。そのことにより，ヘルパーとの買い物以外にどの程度食べているのかを把握できるようになった。ここで得られた情報が訪問看護を通じて主治医に伝えられることによって，血糖コントロールが可能になった。

　また，佐藤さん宅に介護サービス関係者が訪問していることを近隣の店に伝え，それぞれの事業者が訪問時に近隣へ挨拶するようになり，防犯にも役立ち，地域のつながりのなかで見守られながら，ひとり暮らしを続けることができている。

〈支援のポイント〉

• 血糖コントロールができず，主治医，訪問看護師，長女から食事の指摘を受けることが多く，見張られている気がするとサービス利用に拒否を示すようになった。そこで，ヘルパーとケアマネジャーは食事等に関する指摘をせず，安否確認と現状把握を中心にかかわることを会議で確認した。十分な病識のない本人が食事に関して神経質にならず，楽しめるようなかかわりを続けた。

・本人の生活スタイルを尊重し，これまでの近所付き合いを継続しながらも，地域住民の見守りを受けることができた。地域住民の協力できる範囲や緊急時の連絡方法を確認し，訪問の度に声をかけ合い，顔の見える関係づくりにより支援がスムーズに行えた。

事例2　消費者被害から守るため成年後見制度を活用する

　山田さん（76歳・男性）は，10年前に夫を亡くし，以後，自宅にてひとり暮らしをしている。主治医の内科医より，山田さんが「まだあるはずの薬がない」と内科を受診していること，最近は予約日を忘れるなどのもの忘れが目立つようになっていることから，介護保険申請の相談があった。ケアマネジャーが自宅を訪問し，山田さんと話をしたところ，山田さんは自分では特に困っていることはないが，主治医に勧められたから介護保険の申請をすることになったのだという。

　介護認定調査の結果，要支援1と認定されたため，通院のための歩行器のレンタルを開始することになった。また，ゴミの分別や部屋の掃除など訪問介護員によるケアを提案するが，「自分で頑張りたい」とサービス利用の意思がみられなかった。

　ケアマネジャーは，モニタリング時に「1階のトイレが詰まり，2階のトイレに行くのが大変」と山田さんが話したため，確認することにした。やはり，1階のトイレが詰まっており，隣町に住む長男に連絡し，修理業者の手配を依頼した。トイレ修理の説明のため訪問した際に，山田さんは約40万円の修理見積を見て，「また，お金がかかるね」と一言漏らした。特に大きな買い物をした形跡がないためケアマネジャーが詳しく話を聞くと，海外で温暖化対策として緑化事業を進める会社から営業を受け，その趣旨に賛同し，60万円の株券を購入したばかりだという。書類一式を確認すると，詐欺の可能性が高いと思われたため，長男に事情を説明した。**消費生活センター**に相談したところ，すでに詐欺グループとして摘発を受けている会社であることが判明し，契約を解除することができた。しかし，山田さんは「社会の役に立つからそのままでいい」と解約には消極的であった。

　その件を受けて，家の中の点検をしたところ，台所の引き出しから住宅リフォーム会社の名刺とともに1枚のアンケート用紙が出てきた。リフォームに関するアンケートの最後には，現在の預貯金額を示す欄があり，2000万円以上の欄に印をつけていた。長男もおそらくその程度の貯金はあるはずと思っていたが，実際に預貯金の残高を調べてみると数百万円しかなかった。これまでにも気づかないうちに詐欺

被害にあっていた可能性があり，このままではひとりで安心した暮らしを送ること
が困難であると長男夫婦が判断し，**成年後見制度の申請と同時に**サービス付き**高齢
者向け住宅**に転居することとなった。

〈支援のポイント〉

• 独居の場合，訪問系サービスを導入することで，自宅での状況変化に早く気づけ
る利点があり，利用を勧めるが，本人の意思を尊重し，いったんは様子をみること
とした。本人が主治医を信頼しており，ケアマネジャーは定期的な訪問時の様子を
主治医に報告し，折をみて主治医からも訪問介護のサービス利用を勧めてもらう方
針を立て，家族にも同意を得ていた。

• 詐欺被害の実感のない本人は在宅での生活を希望したが，転居するサービス付き
住宅へは主治医が訪問診療として行くことができること，ケアマネジャーも引き続
きかかわることができることから本人も渋々承諾する。転居と同時に成年後見制度
の申請をし，金銭管理を補佐人となった長男が行うことになった。

事例3　けがをきっかけにサービス利用につながる（老障介護）

　井上さん（75歳・女性）は夫と35の重度知的障害のある長女との3人で暮らし
ていたが，数年前に夫が病死して以降，長女とのふたり暮らしである。

　ある日，近所に住む民生委員の加藤さんが，いつも庭の手入れをしている井上さ
んの姿が見えないことを心配して井上さん宅を訪ねた。そこで，井上さんが2日前
に転倒し，腰の痛みから動けなくなっていることがわかった。もともと，心疾患を
抱えていた井上さんは，その間，買い物にも行けず，ほぼ何も食べず，ベッドに横
になっている状態だった。県外に住む長男は海外出張中で連絡できなかったという。
長女は着替えや排せつ，入浴等に声かけや準備が必要な状況であるが，その2日間
何もできておらず，隣室で菓子を食べ過ごしているようだったという。

　井上さんは，民生委員の加藤さんの付き添いで病院を受診した結果，腰椎圧迫骨
折と診断された。加藤さんは区役所に相談し，介護保険の申請をすることとなり，
要介護1と認定された。井上さんの担当ケアマネジャーは，疾患の管理と保清，家
事支援が必要と判断し，週1日の訪問看護，週2日の訪問介護，市町村のゴミ回収
サービス，治療食の配食サービスの提案をし，それらのサービスが開始された。長
女は家族以外の人との交流に慣れておらず，多くの人が自宅に出入りすることを心

配した井上さんは，サービス利用にはあまり乗り気ではなかったが，これからのことを考えるとよいきっかけになるかもしれないとサービス利用を前向きに捉えて利用を開始した。

　しばらくすると，井上さんは骨折の痛みの軽減とともに生活は落ち着いてきた。しかし，介護保険制度では，長女に対する支援が行えず，障害者総合支援法のサービス利用の検討も必要となっていた。ケアマネジャーは，井上さんにそのことを伝えるタイミングを考えていた。

〈支援のポイント〉
- 近所に住む民生員が日頃からかかわりがあり，長女も民生委員のことはよく知っていた。介護サービスの時間帯に民生委員がのぞいてくれることで，家族以外の人とのかかわりが苦手な長女も気を許してスムーズにサービスを導入することができた。
- 今回，井上さんは自分が動けなくなったことで，長女の今後について考えるきっかけにもなった。ただ，これまで長女の世話を他人には任せられないと思ってきたため，長男が海外出張から戻るタイミングで長女に対する支援について相談をしてみようと考えた。

3　在宅生活支援に求められるソーシャルワーク機能

　在宅生活の支援では，個々が生活する場が拠点となる。そこで，利用者のニーズに対応し，なおかつ状況の変化に対応しながらオーダーメイドの支援を展開していくことが求められている。高齢期の生活を支えるのは，介護サービスだけにとどまらない。どう自己実現をしながら納得できる生活を送ることができるのか，それには福祉の専門職がどうかかわることができるのかという視点が重要である。地域のなかで暮らし続けるためには，一人ひとりの生活スタイルや価値観・こだわりを尊重しつつ，解決すべき課題を明確にしていくこと，さらに利用者を取り巻く環境が，今の利用者の生活にどう影響しているのかということも含めて，一体的に支援することが求められる。すでに，日々の暮ら

しに家事援助や身体介護を必要としている高齢者の場合には，生活の様子をよく知るホームヘルパーが一番そばで見守る支援者になる。また介護支援専門員は，変化やニーズに対応し続けながら，地域での暮らしをトータルにサポートしていく。在宅生活を支えるのは，前でも述べたように福祉や介護，医療の専門職だけではなし得ない。利用者の人生は様々な関係性のなかで構築されており，趣味活動，娯楽，土地への愛着も重要になる。ソーシャルワークを勉強し，在宅支援を志す人もケアワーカーとして日々の暮らしを支援したいと思う人にとっても，これらの視点は大切である。

注
(1)　白澤政和・竹内孝仁・橋本泰子（2000）『ケアマネジメント概論』中央法規出版。
(2)　日本精神保健福祉士協会・日本精神保健福祉学会監修（2004）『精神保健福祉用語辞典』中央法規出版。

参考文献
介護支援専門員実務者研修テキスト作成委員会編（2009）『介護支援専門員実務研修テキスト　4訂』長寿社会開発センター。
厚生労働省「令和2年在宅医療・介護連携推進事業の手引き　Ver. 3」。
職業情報提供サイト　jobtag（https://shigoto.mhlw.go.jp/User/）。
日本総合研究所（2021）「『適切なケアマネジメント手法』の手引き」。
日本医師会総合政策研究機構（2014）日医総研ワーキングペーパー「第5回　日本の医療に関する意識調査」（https://www.jmari.med.or.jp/wp-content/uploads/2021/10/WP331.pdf　2022年10月3日閲覧）。

学習課題
①　あなたが骨折や身体的な不調によって自宅療養が必要になった時に，日々の生活で大事にしたいことは，どんなことですか。同じことを友人やあなたの家族にも聞いて書き出してみてください。
②　地域で暮らし続けるとは，通院する，ゴミを出す，電球を取り換える，庭の草刈りや木々の剪定，ペットの散歩など，いつも何気なくやっていることが，そのまま継続されていることですが，高齢者がこれらのことが難しくなった場合にはどのような方法があるのでしょうか。あなたの住んでいる市町村内にどのような社会資源があるのか調べてみよう。

キーワード一覧表

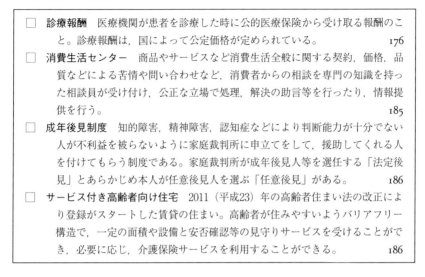

□ **診療報酬**　医療機関が患者を診療した時に公的医療保険から受け取る報酬のこと。診療報酬は，国によって公定価格が定められている。　　　　　176

□ **消費生活センター**　商品やサービスなど消費生活全般に関する契約，価格，品質などによる苦情や問い合わせなど，消費者からの相談を専門の知識を持った相談員が受け付け，公正な立場で処理，解決の助言等を行ったり，情報提供を行う。　　　　　185

□ **成年後見制度**　知的障害，精神障害，認知症などにより判断能力が十分でない人が不利益を被らないように家庭裁判所に申立てをして，援助してくれる人を付けてもらう制度である。家庭裁判所が成年後見人等を選任する「法定後見」とあらかじめ本人が任意後見人を選ぶ「任意後見」がある。　　　　　186

□ **サービス付き高齢者向け住宅**　2011（平成23）年の高齢者住まい法の改正により登録がスタートした賃貸の住まい。高齢者が住みやすいようバリアフリー構造で，一定の面積や設備と安否確認等の見守りサービスを受けることができ，必要に応じ，介護保険サービスを利用することができる。　　　　　186

ワークシート

① 成年後見制度についてまとめてみましょう。

制度の対象とその目的	
任意後見制度	
法定後見制度	
法定後見制度の3つの類型と後見人等に与えられる権限や職務の範囲	

② 障害者総合支援法の利用申請の流れをまとめてみましょう。

第 15 章

医療施設における連携と役割

　本章では，医療機関におけるケアワーカーの役割や発揮される専門性を中心に，医療ソーシャルワーカー（MSW）および看護師などとの連携について述べていく。特に，医療機関ごとの機能によってケアワーカーに期待されることも異なってくるため，リハビリテーションに多くの時間をかける「回復期リハビリテーション病棟」に焦点をあてている。看護師とケアワーカーは，その専門性の違いからひとりの患者をどの側面からみているのかが異なる。だからこそ，双方が一人ひとりの患者を多角的にみることによって，気づきも多くなる。医療機関での看護職と介護職の業務のすみわけは，機関ごとに異なっている。重なる部分もあるが，どちらの専門職も欠くことができないことを，本章を通して学んでほしい。

　本章は，次に示す事例をもとにして解説していく。

事　例

　星野さん（78歳・男性）は，半年前から通っている地域の**高齢者サロン**に参加中に倒れ，救急車で**急性期病院**に搬送された。**脳梗塞**と診断され，すぐに手術が行われて一命はとりとめたが，右半身麻痺と言語障害がみられた。入院から4日後，**医療ソーシャルワーカー（MSW）**が，星野さんの転院先についての希望などを面接した。星野さんは，**回復期リハビリテーション病棟**のある病院に転院することになった。数日後に，転院先の病院のMSWが，入院中の病院を訪問し，状況を把握した。そこで，星野さんは「自宅に帰りたい」という意思をジェスチャーとまだ言葉にならない声を出しながら必死に伝えてきた。

　星野さんは，右半身麻痺があることからか嚥下機能が低下し，**誤嚥性肺炎**が疑わ
れ，急性期病院に入院時に経口摂取を中止し，胃瘻の造設をしていた。

　転院当初から食事がしたいという思いが強く，食事の時間になると自分の食事が
運ばれてこないことに強い怒りを表していた。

　医療・介護スタッフは，星野さんの願いを実現するために毎週**カンファレンス**を
行ってきた。カンファレンスには，医師，看護師，リハビリスタッフ（**理学療法士**,
作業療法士，言語聴覚士)，**管理栄養士**，ケアワーカー，薬剤師，MSW が参加し
た。そこで，星野さんの現在の状況について確認し，病棟でのリハビリの内容を決
定し，リハビリスタッフから，介助をどのくらいすればよいのか，病棟でどのよう
なリハビリをするのか，その介入方法などを共有した。

　言語聴覚士は，食事意欲の高い星野さんが再び口から食事ができるようにするた
めに，嚥下訓練を開始することを医師や看護師と確認し，慎重に機能訓練をはじめ
ることにした。しばらくすると，嚥下機能が回復したため，胃瘻から再び経口摂取
に正式に変更した。星野さんは右利きだったが，半身麻痺のため，左手で食事をす
ることになった。星野さんは食べられる喜びで一生懸命スプーンを口に運ぼうとす
るが，スプーンにうまく食べ物が乗らず，乗ってもこぼすことが多い様子であった。
ケアワーカーは見守りながら星野さんの様子を観察した。一連の様子を多職種に伝
えたところ，栄養士は，星野さんの使用する食器の形態について検討し，理学療法
士は，麻痺のある側の力が入らず姿勢が崩れて食事がしにくいことから座位姿勢保
持ができるよう機能訓練を強化することを検討した。

　一方で，病室や病棟で ADL の回復を目指してケアワーカーや看護師が中心とな
り，生活のなかでの機能訓練を行った。星野さんは，取り組みへの意欲も高かった
ため，1対1で歩行練習やトイレ動作，更衣等の自立を目標として毎日15〜30分
行ってきた。その成果は徐々にみられるようになり，転院時は車いすであったが，
1か月後には手引き歩行が可能となり，退院時にはつえ歩行となった。

　また，病棟では音楽と運動のレクリエーションが週2回行われており，星野さん
はケアワーカーの誘いを受けて参加しはじめた。今ではレクリエーションの日を楽
しみにしている。レクリエーションを通して歌うようになったことから星野さんの
発声や言葉に明瞭さがみられるようになった。

　退院に向けた準備が進みはじめると，星野さんは，ケアワーカーに「カネ，カネ，
ない。心配」と伝えてくるようになった。そのため，MSW に星野さんの心配事に

ついて話を聞いてほしいと依頼した。MSW が星野さんと面談したところ，「年金をもらえる権利がないため，これまで稼いだお金と生命保険で何とか医療費は払えるが，これからの暮らしが心配」ということがわかった。遠方にいるという息子に連絡をとって事情を説明したが，協力を得ることができなかった。MSW は，退院後の生活については，生活保護制度を利用することを提案し，説明した。そして星野さんの申請の意向を確認したため，**福祉事務所**に連絡した。福祉事務所の**ケースワーカー**は翌日星野さんの病室を訪ね，申請の手続きを行った。

　退院先となる自宅の状況を確認するために，MSW，理学療法士，作業療法士が自宅に訪問した。星野さんの住宅の状況では，機能訓練に励んでいるとはいえひとりで暮らすことが難しいのではないかという意見もセラピストからは聞かれた。しかし，星野さんも含めてカンファレンスを繰り返し，意思確認をしたうえで，退院後は介護保険制度を利用して自宅に戻ることで調整した。MSWは居宅介護支援事業所に連絡し，介護支援専門員に在宅サービスの調整を依頼することにした。

1　医療機関におけるケアワーク

（1）医療機関でのケアワーカーの位置と役割

　医療機関では，看護部門の一員としてケアワークを行う者が位置づけられている（図15‐1）。2020（令和2）年の「医療施設調査・病院報告の概況」によれば，全国の一般病院で介護福祉士として勤務している者は，約3万6000人と報告されている。介護の資格を持たない者も勤務している実態から考えれば，実際には医療機関でケアワークを行っている者はもっと多いことが推測される。

　病棟でケアワークをする者を「看護助手」「看護補助者」「ナースエイド」などと呼ぶことがある。また，介護福祉士の資格の有無によって院内での呼称が異なる場合もある。本章では，ケアワークを行う者（ケアワーカー）について介護福祉士資格を有していることを前提として記すが，いずれも，ベッドメイキングや居室の清掃といった環境整備をはじめ，食事の配膳や介助，入浴，排せつ介助を担う者のことを指しており，生活援助全般を担っている。また，入院中に検査が必要な患者の検査への付き添いなども含まれている場合もある。

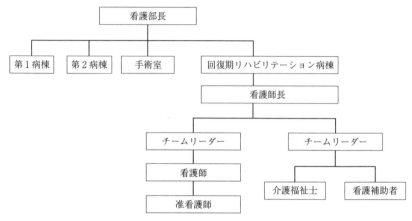

図15-1　病棟における組織図例

出所：筆者作成。

さらに，看護師が行う医療行為をサポートするのもケアワーカーの業務内容の
ひとつである。なかには，ケアワーカーが看護師と同様に病棟の担当の受け持
ち患者を持っている病院もある。

（2）回復期リハビリテーション病棟の特徴とケアワーク

　回復期リハビリテーション病棟は，集中的に訓練をすることによって，身体
機能を回復させ，寝たきりを防ぎ，自宅にできるだけ早く帰ることを目的とし
ている。この病棟では，医師，看護師，理学療法士，作業療法士，言語聴覚士
などがチームを組んで患者の機能訓練をしており，共同のプログラムを作成し
ている。

　重点的・専門的なリハビリテーションが受けられるように，疾患に応じて入
院期間が定められている。星野さんのような脳血管疾患の場合には入院上限が
150日である。そのため，入院生活全体をリハビリテーションと捉えており，
日々の生活は単に安静と静養の繰り返しではない。たとえば病院では通常「寝
巻」を着て過ごすことが多い患者も，回復期リハビリテーション病棟では日中
着に着替えて一日を過ごす。この更衣自体もリハビリテーションの一環となる。
ケアワーカーは，病棟では日常的なケアワークを患者の病状の変化に合わせな

がら行っていくことが求められる。特に身体機能が徐々に向上していく場合には，多角的な視点で患者を捉えていく必要があり，その都度ケアの必要度などをモニタリングしながら最善のケアを提供するように努める。看護師とケアワーカーとが同じ患者を担当している場合には，特に話し合いながら日々のケアをすることも必要となる。

（3）レクリエーションの計画と実施を担う

　回復期リハビリテーション病棟では，どのように患者に離床時間を延長してもらえるのかを考える。たとえば，起床時間だからという理由でベッドから起こして，長時間車いすに座ってもらうことや，デイルームのような場所に特に理由もなく移動してもらい，同じく座ってもらうことも患者の立場からすれば苦痛に感じることもある。生活リズムを整え，病棟での社会参加の機会を得るには，レクリエーションを取り入れながら，患者にとって楽しみになるように企画・運営されるのが望ましい。それを担うのがケアワーカーである。また，季節を感じられるような行事をレクリエーションとして取り入れることもできる。たとえば，正月，節分，ひな祭り，七夕，クリスマスなどは，病棟内で実施できる。

　星野さんの場合には，ケアワーカーからの誘いで参加しはじめたレクリエーションを楽しみにしていた。こういった，先にある楽しみ，一週間のなかで楽しみにしている日があるという入院生活は，患者の気持ちが前向きになるひとつの要因となる。

（4）ケアワーカーの患者との向き合い方

　24時間何らかのケアを必要としている入院生活を送る患者にとって，一つひとつのケアを受けることがケアワーカーとの信頼関係を獲得していくプロセスである。星野さんの転院当初のように言語障害によって伝えたいことがうまく伝えられない時でも，ケアワーカーは何を言いたいのかを根気よく聞き，星野さんの意思を汲み取るにはどのような方法が適切なのかを考えながらかかわり続ける。その繰り返しによって，星野さんが何と言いたいのか，今自分が行っ

たケアがよかったのかどうかなどがわかってくる。さらに，聴こうとしている姿勢は，星野さんの伝えたい思いを促進させていくことにつながる。このような日々の積み重ねによって得た星野さんに関するケアワーカーの気づきが多職種間で共有されることが大切である。

2　医療機関における医療ソーシャルワーカーの機能と役割

（1）組織における医療ソーシャルワーカー（MSW）の位置づけ

　MSW は，医療機関ではどのような部門に位置づけられているのだろうか。病院内では，病院長等の病院管理者から直接指示を受ける形式となる独立した一部門として位置づけられる場合もあれば，事務部長や診療部門などの一組織として位置づけられることも多い。前者の場合には，看護，リハビリスタッフなどそれぞれの長からの指示を仰ぎやすく，多職種の仕事の流れなどもわかりやすい（図15-2）。一方で，後者は独立しているため，他の部門との連携の仕組みを病院全体で構築していかなければ，つながりを持ちにくくなるという一面もある（図15-3）。

　また，MSW が所属する部署の名称も医療機関によって異なっているという現状がある。たとえば，「医療福祉相談室」「在宅支援室」「患者支援室」「地域医療連携室」などという名称もある。

（2）MSW の役割

　医療機関のなかで，福祉の仕事をする専門職として配置されているのがMSW であるが，どのような役割を担っているのだろうか。業務指針によると業務の範囲としては，①療養中の心理的・社会的問題解決，調整援助，②退院援助，③社会復帰援助，④受診・受療援護，⑤経済的問題の解決，調整援助，⑥地域活動の6つある⁽¹⁾。

　本事例では，特に②退院援助と⑤経済的問題の解決，調整援助を主に行っている。②では星野さんの「自宅に帰りたい」という希望を実現するために退院後の住宅環境を整備し，福祉サービスをコーディネートした。また，今後の生

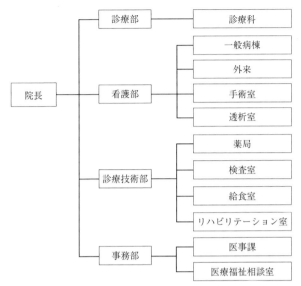

図 15-2　事務部門の一組織として位置づけられる場合の組織図例
出所：筆者作成。

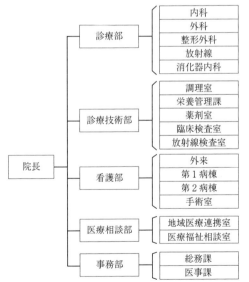

図 15-3　病院管理者から直接指示を受ける場合の組織図例
出所：筆者作成。

活については年金受給資格がないことから経済的な問題を福祉事務所につなぎながら解決していくこととした。

　田中[(2)]は，ソーシャルワーカーは，生命の局面に直接介入する知識や技術を持っているのではなく，法的にも医行為には携わることはしない。人生の局面でその人の持つ傷病がその人の人生にどんな意味や影響があるのかを教えてもらい理解して，社会生活における課題に取り組んでいく当事者をサポートすると述べている。当事者が一番の専門家であるという視点を強く意識することが大切ということである。つまり，星野さんのことは，星野さんが一番よく知っている専門家であるという意識を持って退院支援や様々な調整を図ることが求められる。

3　看護師とケアワーカーの役割

　回復期リハビリテーション病棟には，看護師，ケアワーカー，理学療法士，作業療法士が病棟専属で配置されているという特徴がある。そのため，患者に関する情報共有などがしやすい。また，患者の身体変化に対してもカンファレンスも行いやすい。

　病棟において，看護師は患者の全身管理をすることを役割としている。一方で，ケアワーカーは，患者および家族の「生活」という観点から支援する。どちらの専門職も患者の ADL の向上を図るという目的は共通しており，そのために必要なケアを行う。看護師は，医療処置や患者の状況をみて判断することを除いては，病棟のケアワーカーと業務内容に大きな差はない。ともに直接的なケアや予防的な支援，アドボカシーという観点では共通している。看護師の療養上の世話と，ケアワーカーの心身の状態に応じたケアは，対象となる者の日常生活を営むうえでの支援という点で共通しているため，身体的なケアは看護師もケアワーカーも同じといえる。

　唯一異なるとすれば，看護師とケアワーカーは，患者の日常的な行為をどの観点からみているのかという点である（表15-1）。たとえば，食事場面であれば，看護師は食事をしている時の全身の状態をみており，安全に食事ができて

表 15-1 看護師とケアワーカーの優先的観察視点の違い

看護師	ケアワーカー
食事中の全身状態 （顔色，呼吸，意識レベル，耐久性） 嚥下機能 誤嚥予防	介助の有無，程度 食べこぼしの有無 意欲，食欲の有無 食事環境
排泄状況とパターン （1回量，1日量，頻度，性状，機能障害の有無）	介助の有無，程度 オムツの必要性 排泄への意欲 排泄環境 尊厳の尊重

出所：氏福恵美子（2018）「看護師と介護福祉士の協働」『リハビリナース』11，50頁。

いるのか，異変がないかということに主軸を置いているのに対し，ケアワーカーは介助が必要かどうか，どのくらいの介助を要しているのか，食欲や食事に対する意欲があるかどうか，食事をしている背もたれの位置やテーブルの高さなどが合っているかどうかなどを観察している。もちろん，食事を安全に摂取するということは生命にかかわることなので，特に嚥下や食事の形態に問題がないかなどは，看護師とケアワーカーの双方が観察する必要がある。

　本事例では，星野さんが左手でスプーンを持ってうまく食事を口に運ぶことができないと観察し，多職種にそのことを伝えた。そうすることで，日常のケアのなかでの気づきを共有し，多職種のなかで解決していくことが可能となる。本事例の場合には，ケアワーカーのカンファレンスでの発言を受けて，作業療法士が星野さんに合った自助具を作成した。ケアワーカーは，本人のストレングスを最大に発揮できるようにすることを大事にし，「食べづらそうなので代わりに食事介助をした」というようなその場限りのケアに陥らないよう中長期的な視点で捉えることが重要である。

4　回復期リハビリテーション病棟における多職種連携と協働

　医療と福祉が連携する目的は何だろうか。田中は，専門職としての医療と福

社の異なった支援や知識をつき合わせてお互いを補完し合うことでクライエントに対して全人的な存在であることの理解がすすみ，人と環境の統合的な認識をチームとして得て，それをもって有機的な支援に生かすことにあると述べている。

（1）重なる考え方と異なる見方を知る

　本事例では，急性期病院からの転院相談を受け，情報収集するために回復期リハビリテーション病棟のある病院の MSW が状況把握をした。この MSW が転院先となる病院の最初の窓口ともいえる。そして MSW が得た情報をもとに，院内で受け入れが検討された。

　図15 - 4 は，星野さんを支援する専門職の支援の重なりを示したものである。看護師は，医師と協働することによって，星野さんの健康管理を行いながら病棟内でのリハビリテーションなどを担う。ケアワーカーは，看護師と協働しながら日常生活支援を家族に近い立場で行う。そのため，入院生活で足りないものを家族に持ってきてもらうように連絡をしたり，本人が希望しているものを伝えるなどの役割も果たしている。理学療法士をはじめとするセラピストは，それぞれの専門性を発揮して星野さんの ADL の向上を目指して支援していく。当然三者は重なる部分を持ち合わせているが，それぞれの専門性があるため，重なり合わない部分もある。MSW は，こうした三者の専門性を理解したうえで患者の望む今後の生活や家族の状況などを勘案しながら，コーディネートする役割を果たしている。

　協働するということは，意見が合わない人たちがひとつの意見に合わせていくということではない。また，他の専門職の意見に賛同していくことでもない。図15 - 4 で示されたところの重なり合っている部分において，多職種とのかかわりを持ち，協働することが求められる。一方で，まったく重ならない部分は，その専門職の持つ独自の考え方であることから，互いに尊重しなければ，多くの職種と協働していくことが難しい。

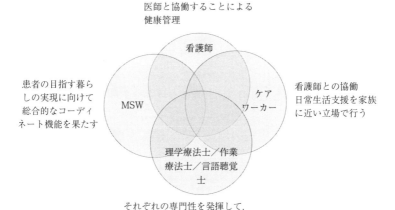

医師と協働することによる
健康管理

看護師

患者の目指す暮ら
しの実現に向けて
総合的なコーディ
ネート機能を果たす

MSW

ケア
ワーカー

看護師との協働
日常生活支援を家族
に近い立場で行う

理学療法士／作業
療法士／言語聴覚
士

それぞれの専門性を発揮して，
ADL の向上を目指して支援していく

図 15 - 4　看護師・介護士・各種療法士・MSW の協働

出所：筆者作成。

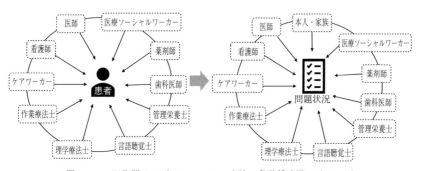

図 15 - 5　回復期リハビリテーション病棟の多職種連携のイメージ

出所：福山一女「ソーシャルワークにおける協働とその技法」『ソーシャルワーク研究』34(4)，9頁をも
とに筆者作成。

（2）患者本人も課題に向き合うひとりとして考える

　これまでの考え方は，どちらかといえば問題や課題を抱えている患者を中心
に据え，その患者をどのように支援していくのかということを考えてきた。こ
の場合，患者本人は，「専門職からの支援を受ける人」として捉えられてきた。
しかし，特にリハビリテーションを目的とするような医療機関では，問題や課
題を抱える「人」を中心に据えるのではなく，「問題状況」を中心に据え，本

人や家族も問題解決のために協働するメンバーとして位置づけている（図15-
5）。星野さんについていえば，「問題を抱える患者」と捉えるのか，問題状況
と星野さんとを切り離し，星野さんにも困っていることを解決する一員として，
問題状況がどのようになれば望ましいのか，そのために何が必要なのかを一緒
に考える。そうすることで星野さんの意欲や自主性を呼び起こすことにもつな
がる。

注

(1)　厚生労働省（2002）「医療ソーシャルワーカー業務指針」（厚生労働省健康局長通
　　　知　平成14年11月29日健康発第1129001号）（https://www.jaswhs.or.jp/images/
　　　NewsPDF/NewsPDF_SmkfBqMdQaTaKgxH_1.pdf　2022年12月13日閲覧）。
(2)　田中千枝子（2016）「保健医療領域における『連携』の基本的概念と課題」『ソー
　　　シャルワーク研究』42(3)，161〜172頁。
(3)　(2)と同じ。

参考文献
厚生労働省「令和2（2020）年医療施設（静態・動態）調査（確定数）・病院報告の
　　概況」（https://www.mhlw.go.jp/toukei/saikin/hw/iryosd/20/dl/02sisetu02.pdf
　　2022年9月10日閲覧）。
児島美都子・成清美治・牧洋子編著（2015）『保健医療サービス（改訂版）』学文社，
　　79頁。
日本医療ソーシャルワーク学会編（2018）『地域包括ケア時代の医療ソーシャルワー
　　ク実践テキスト』日総研出版。

学習課題
①　たとえば入院中のX病院からY病院に転院するとします。あなたは，自分のどの
　　ような情報をY病院に伝えてほしいと思いますか。それはなぜでしょうか。
②　「患者調査の概況」の最新版をウェブサイトで調べ，病院に入院している患者の
　　自宅以外の退院先には，どのような場所があり，それぞれどのような機能を持って
　　いるのか調べてみよう。

キーワード一覧表

- [ ] **高齢者サロン**　地域で自主的に運営されている高齢者が気軽に集まることができる交流の場・仲間づくりの場のこと。ふれあい・いきいきサロンという名称で，全国各地で行われている。　191

- [ ] **急性期病院**　急性疾患または重症患者，重症外傷の患者の治療を24時間体制で行う病院のこと。主に大学病院や総合病院，専門病院がその役割を担っている。　191

- [ ] **脳梗塞**　脳の動脈が閉塞し，脳に運ばれる血液がとどこおるために脳が壊死してしまう病気。片方の手足の麻痺やしびれ，呂律が回らない，言葉が出てこない，視野が欠ける，意識障害など様々な症状が突然出現し，程度は様々だが，後遺症が残ることもある。　191

- [ ] **医療ソーシャルワーカー（MSW）**　医療機関において，患者や家族の相談に乗り，社会福祉の立場から経済的・心理的・社会的問題の解決，調整，社会復帰を支援する専門職。　191

- [ ] **回復期リハビリテーション病棟**　急性期病院で治療を終えたものの，すぐに自宅へ復帰するには不安がある患者や，引き続き治療とリハビリテーションを必要とする患者を受け入れ，在宅復帰を目指す病院。90〜180日を目安に集中的なリハビリテーションを行う。　191

- [ ] **誤嚥性肺炎**　嚥下（食べ物を飲み込み，口から胃へと運ぶ一連の動作のこと）機能障害のため唾液や食べ物，あるいは胃液などと一緒に細菌を気道に誤って吸引することにより発症する。　192

- [ ] **カンファレンス**　よりよい医療や介護サービスを提供することを目的に，医療・介護現場で実施される会議のこと。　192

- [ ] **理学療法士**　Physical Therapist（PT）のことで，国家資格である。医師の指示のもとで，身体障害のあるものに対して，主に基本的動作能力の回復を図ることを目的として体操，運動，電気刺激，マッサージ，温熱等を加える。　192

- [ ] **作業療法士**　Occupational Therapist（OT）のことで，国家資格である。医師の指示のもと，診療の補助として作業療法を行うことを業務としている。具体的には，応用的作業能力や社会的適応能力の回復を図るために，手芸，工作等の作業などを行わせる。　192

- [ ] **言語聴覚士**　Speech Therapist（ST）のことで，国家資格である。コミュニケーションに何らかの問題がある人に，医師または歯科医師の指示のもと，聴力や音声機能，言語機能の検査および訓練や助言，摂食や嚥下障害の問題にも専門的に対応する。　192

- [ ] **管理栄養士**　国家資格。病気を患っている人や高齢で食事がとりづらくなって

いる人，健康な人一人ひとりに合わせて専門的な知識と技術により栄養指導や給食管理，栄養管理を行う。　192

☐　**福祉事務所**　社会福祉法第14条に規定されている「福祉に関する事務所」をいい，福祉六法（生活保護法，児童福祉法，母子及び寡婦福祉法，老人福祉法，身体障害者福祉法及び知的障害者福祉法）に定める援護，育成または更生の措置に関する事務を司る第一線の社会福祉行政機関のこと。　193

☐　**ケースワーカー**　病気や障害，貧困などを抱えている人や当事者と同居している人など，生活上困難がある人の相談を受けて支援する。公的機関が主な職場であり，生活保護や介護に関することや，子どもの不登校など，相談は多岐にわたる。　193

ワークシート

① あなたの住んでいるところから一番身近にある入院機能を持った医療機関の
ホームページを閲覧し，それらがどのような役割を担っている病院（急性期，回
復期など）なのかについて，またその病院の MSW がどのような部署で働いて
いるのか調べてみましょう。

② あなたが今取得を目指している資格（介護福祉士，社会福祉士など）と，あな
たがこれから実習に行く先や，就職先で出会う専門職とがどのように専門性が異
なっているのかについて，私（自分の目指している資格）ができること，私（自
分の目指している資格）ではできないが支援のために必要なこと，それは誰が専
門としているのかに分けて記述してみましょう。

エピローグ

介護の質向上を目指して

　忘れられない光景がある。カーテンもなく開けっぴろげでされるオムツ交換，飛び交う罵声，5分で終わる食事介助，一日のほとんどをベッド上で過ごす高齢者。約30年前の老人病院での日常の風景である。戦後日本の復興を支えてきた高齢者の方たちが直面している現実に，強い衝撃を受けたことを今でも鮮明に覚えている。その後，私たちの社会はどう変わってきたであろうか。

　2000（平成12）年4月に介護保険法が施行され，介護の現場も大きく変化した。介護サービスの量的拡大が進み，質的向上が求められるようになった。ケアマネジメントの導入，身体拘束ゼロ，苦情解決，サービス評価，高齢者虐待防止，人材育成のための研修の体系化，介護現場における ICT の利用促進など，ミクロレベルからメゾ・マクロレベルに至る様々なアプローチによって，介護の質向上に資する取り組みが推進されてきた。この間，長い年月を経て，試行錯誤を繰り返しながらも，わが国における介護の質は確実に向上したといえる。

　なぜ介護の質の向上を追求することが求められるのであろう。それは，介護が利用者の生活を支えるための最も身近な環境要因のひとつであり，その質が利用者一人ひとりの生活の質（QOL）に大きな影響を及ぼすからである。支援にかかわる人々は，常にそれを自覚し，利用者の生活の質を高めるにはどうしたらよいか考え続けるなかで，実践していくことが重要である。介護現場における慢性的な人材不足という厳しい状況にあっても，そのマインドは持ち続けてほしいと願っている。それが介護の原点であると思うからである。

　介護の質の向上は，介護の専門性を高めることと切り離すことはできない。

本書には，介護の専門性を高めるためのエッセンスを盛り込んだ。主なポイントとして次の3点が指摘できる。第一に当事者への理解を深めることである。ご本人がどのように暮らしてきたのか，どのように過ごしたいと思っているのか，心身機能の状態はどうか，ご家族はどう思っているかなど，ご本人やご家族をよく知ることが支援の第一歩となる。第二に，介護に関する理念や理論を理解することである。理念や理論は，進むべき道を示してくれる揺るぎない基盤である。ノーマライゼーションや尊厳の保持，自立支援，ICF（国際生活機能分類），介護過程の展開方法などの考え方を身につけることが，よりよい実践のベースとなる。第三に，多職種連携への理解である。現代社会において，多様化・高度化したニーズに対し，専門職ひとりだけで対応・解決できることは少ない。自職種・他職種の役割を理解し，チームでアプローチすることが今後ますます求められるであろう。

　介護・福祉は，人々の生活が豊かになるようサポートする想像的で創造的な仕事である。本書が介護・福祉の仕事への関心を深めるきっかけとなれば幸いである。

巻末資料

日本介護福祉士会倫理綱領

1995年11月17日宣言

前　文

　私たち介護福祉士は，介護福祉ニーズを有するすべての人々が，住み慣れた地域において安心して老いることができ，そして暮らし続けていくことのできる社会の実現を願っています。

　そのため，私たち日本介護福祉士会は，一人ひとりの心豊かな暮らしを支える介護福祉の専門職として，ここに倫理綱領を定め，自らの専門的知識・技術及び倫理的自覚をもって最善の介護福祉サービスの提供に努めます。

（利用者本位，自立支援）

1　介護福祉士は，すべての人々の基本的人権を擁護し，一人ひとりの住民が心豊かな暮らしと老後が送れるよう利用者本位の立場から自己決定を最大限尊重し，自立に向けた介護福祉サービスを提供していきます。

（専門的サービスの提供）

2　介護福祉士は，常に専門的知識・技術の研鑽に励むとともに，豊かな感性と的確な判断力を培い，深い洞察力をもって専門的サービスの提供に努めます。

　また，介護福祉士は，介護福祉サービスの質的向上に努め，自己の実施した介護福祉サービスについては，常に専門職としての責任を負います。

（プライバシーの保護）

3　介護福祉士は，プライバシーを保護するため，職務上知り得た個人の情報を守ります。

（総合的サービスの提供と積極的な連携，協力）

4　介護福祉士は，利用者に最適なサービスを総合的に提供していくため，福祉，医療，保健その他関連する業務に従事する者と積極的な連携を図り，協力して行動します。

（利用者ニーズの代弁）

5　介護福祉士は，暮らしを支える視点から利用者の真のニーズを受けとめ，それを代弁していくことも重要な役割であると確認したうえで，考え，行動します。

（地域福祉の推進）

6　介護福祉士は，地域において生じる介護問題を解決していくために，専門職として常に積極的な態度で住民と接し，介護問題に対する深い理解が得られるよう努めるとともに，その介護力の強化に協力していきます。

（後継者の育成）

7　介護福祉士は，すべての人々が将来にわたり安心して質の高い介護を受ける権利を享受できるよう，介護福祉士に関する教育水準の向上と後継者の育成に力を注ぎます。

ソーシャルワーカーの倫理綱領

社会福祉専門職団体協議会代表者会議
2005年1月27日制定
日本ソーシャルワーカー連盟代表者会議
2020年6月2日改訂

前 文

　われわれソーシャルワーカーは，すべての人が人間としての尊厳を有し，価値ある存在であり，平等であることを深く認識する。われわれは平和を擁護し，社会正義，人権，集団的責任，多様性尊重および全人的存在の原理に則り，人々がつながりを実感できる社会への変革と社会的包摂の実現をめざす専門職であり，多様な人々や組織と協働することを言明する。

　われわれは，社会システムおよび自然的・地理的環境と人々の生活が相互に関連していることに着目する。社会変動が環境破壊および人間疎外をもたらしている状況にあって，この専門職が社会にとって不可欠であることを自覚するとともに，ソーシャルワーカーの職責についての一般社会および市民の理解を深め，その啓発に努める。

　われわれは，われわれの加盟する国際ソーシャルワーカー連盟と国際ソーシャルワーク教育学校連盟が採択した，次の「ソーシャルワーク専門職のグローバル定義」（2014年7月）を，ソーシャルワーク実践の基盤となるものとして認識し，その実践の拠り所とする。

> ソーシャルワーク専門職のグローバル定義
> 　ソーシャルワークは，社会変革と社会開発，社会的結束，および人々のエンパワメントと解放を促進する，実践に基づいた専門職であり学問である。社会正義，人権，集団的責任，および多様性尊重の諸原理は，ソーシャルワークの中核をなす。ソーシャルワークの理論，社会科学，人文学，および地域・民族固有の知を基盤として，ソーシャルワークは，生活課題に取り組みウェルビーイングを高めるよう，人々やさまざまな構造に働きかける。
> 　この定義は，各国および世界の各地域で展開してもよい。(IFSW；2014.7)※注1

　われわれは，ソーシャルワークの知識，技術の専門性と倫理性の維持，向上が専門職の責務であることを認識し，本綱領を制定してこれを遵守することを誓約する。

原　理

Ⅰ（人間の尊厳）　ソーシャルワーカーは，すべての人々を，出自，人種，民族，国籍，
性別，性自認，性的指向，年齢，身体的精神的状況，宗教的文化的背景，社会的地位，
経済状況などの違いにかかわらず，かけがえのない存在として尊重する。

Ⅱ（人権）　ソーシャルワーカーは，すべての人々を生まれながらにして侵すことので
きない権利を有する存在であることを認識し，いかなる理由によってもその権利の抑
圧・侵害・略奪を容認しない。

Ⅲ（社会正義）　ソーシャルワーカーは，差別，貧困，抑圧，排除，無関心，暴力，環
境破壊などの無い，自由，平等，共生に基づく社会正義の実現をめざす。

Ⅳ（集団的責任）　ソーシャルワーカーは，集団の有する力と責任を認識し，人と環境
の双方に働きかけて，互恵的な社会の実現に貢献する。

Ⅴ（多様性の尊重）　ソーシャルワーカーは，個人，家族，集団，地域社会に存在する
多様性を認識し，それらを尊重する社会の実現をめざす。

Ⅵ（全人的存在）　ソーシャルワーカーは，すべての人々を生物的，心理的，社会的，
文化的，スピリチュアルな側面からなる全人的な存在として認識する。

倫理基準

Ⅰ　クライエントに対する倫理責任
1.（クライエントとの関係）　ソーシャルワーカーは，クライエントとの専門的援助
関係を最も大切にし，それを自己の利益のために利用しない。
2.（クライエントの利益の最優先）　ソーシャルワーカーは，業務の遂行に際して，
クライエントの利益を最優先に考える。
3.（受容）　ソーシャルワーカーは，自らの先入観や偏見を排し，クライエントをあ
るがままに受容する。
4.（説明責任）　ソーシャルワーカーは，クライエントに必要な情報を適切な方法・
わかりやすい表現を用いて提供する。
5.（クライエントの自己決定の尊重）　ソーシャルワーカーは，クライエントの自己
決定を尊重し，クライエントがその権利を十分に理解し，活用できるようにする。
また，ソーシャルワーカーは，クライエントの自己決定が本人の生命や健康を大き

く損ねる場合や，他者の権利を脅かすような場合は，人と環境の相互作用の視点か
らクライエントとそこに関係する人々相互のウェルビーイングの調和を図ることに
努める。

6. （参加の促進）　ソーシャルワーカーは，クライエントが自らの人生に影響を及ぼ
す決定や行動のすべての局面において，完全な関与と参加を促進する。

7. （クライエントの意思決定への対応）　ソーシャルワーカーは，意思決定が困難な
クライエントに対して，常に最善の方法を用いて利益と権利を擁護する。

8. （プライバシーの尊重と秘密の保持）　ソーシャルワーカーは，クライエントのプ
ライバシーを尊重し秘密を保持する。

9. （記録の開示）　ソーシャルワーカーは，クライエントから記録の開示の要求が
あった場合，非開示とすべき正当な事由がない限り，クライエントに記録を開示す
る。

10. （差別や虐待の禁止）　ソーシャルワーカーは，クライエントに対していかなる差
別・虐待もしない。

11. （権利擁護）　ソーシャルワーカーは，クライエントの権利を擁護し，その権利の
行使を促進する。

12. （情報処理技術の適切な使用）　ソーシャルワーカーは，情報処理技術の利用がク
ライエントの権利を侵害する危険性があることを認識し，その適切な使用に努める。

Ⅱ　組織・職場に対する倫理責任

1. （最良の実践を行う責務）　ソーシャルワーカーは，自らが属する組織・職場の基
本的な使命や理念を認識し，最良の業務を遂行する。

2. （同僚などへの敬意）　ソーシャルワーカーは，組織・職場内のどのような立場に
あっても，同僚および他の専門職などに敬意を払う。

3. （倫理綱領の理解の促進）　ソーシャルワーカーは，組織・職場において本倫理綱
領が認識されるよう働きかける。

4. （倫理的実践の推進）　ソーシャルワーカーは，組織・職場の方針，規則，業務命
令がソーシャルワークの倫理的実践を妨げる場合は，適切・妥当な方法・手段に
よって提言し，改善を図る。

5. （組織内アドボカシーの促進）　ソーシャルワーカーは，組織・職場におけるあら
ゆる虐待または差別的・抑圧的な行為の予防および防止の促進を図る。

6. （組織改革）　ソーシャルワーカーは，人々のニーズや社会状況の変化に応じて組
織・職場の機能を評価し必要な改革を図る。

Ⅲ　社会に対する倫理責任

1. （ソーシャル・インクルージョン）　ソーシャルワーカーは，あらゆる差別，貧困，

抑圧，排除，無関心，暴力，環境破壊などに立ち向かい，包摂的な社会をめざす。

2. （社会への働きかけ）　ソーシャルワーカーは，人権と社会正義の増進において変革と開発が必要であるとみなすとき，人々の主体性を活かしながら，社会に働きかける。

3. （グローバル社会への働きかけ）　ソーシャルワーカーは，人権と社会正義に関する課題を解決するため，全世界のソーシャルワーカーと連帯し，グローバル社会に働きかける。

Ⅳ　専門職としての倫理責任

1. （専門性の向上）　ソーシャルワーカーは，最良の実践を行うために，必要な資格を所持し，専門性の向上に努める。

2. （専門職の啓発）　ソーシャルワーカーは，クライエント・他の専門職・市民に専門職としての実践を適切な手段をもって伝え，社会的信用を高めるよう努める。

3. （信用失墜行為の禁止）　ソーシャルワーカーは，自分の権限の乱用や品位を傷つける行いなど，専門職全体の信用失墜となるような行為をしてはならない。

4. （社会的信用の保持）　ソーシャルワーカーは，他のソーシャルワーカーが専門職業の社会的信用を損なうような場合，本人にその事実を知らせ，必要な対応を促す。

5. （専門職の擁護）　ソーシャルワーカーは，不当な批判を受けることがあれば，専門職として連帯し，その立場を擁護する。

6. （教育・訓練・管理における責務）　ソーシャルワーカーは，教育・訓練・管理を行う場合，それらを受ける人の人権を尊重し，専門性の向上に寄与する。

7. （調査・研究）　ソーシャルワーカーは，すべての調査・研究過程で，クライエントを含む研究対象の権利を尊重し，研究対象との関係に十分に注意を払い，倫理性を確保する。

8. （自己管理）　ソーシャルワーカーは，何らかの個人的・社会的な困難に直面し，それが専門的な判断や業務遂行に影響する場合，クライエントや他の人々を守るために必要な対応を行い，自己管理に努める。

注1．本綱領には「ソーシャルワーク専門職のグローバル定義」の本文のみを掲載してある。なお，アジア太平洋（2016年）および日本（2017年）における展開が制定されている。

注2．本綱領にいう「ソーシャルワーカー」とは，本倫理綱領を遵守することを誓約し，ソーシャルワークに携わる者をさす。

注3．本綱領にいう「クライエント」とは，「ソーシャルワーク専門職のグローバル定義」に照らし，ソーシャルワーカーに支援を求める人々，ソーシャルワークが必要な人々および変革や開発，結束の必要な社会に含まれるすべての人々をさす。

あとがき

　社会福祉を必要としている人々は，子どもから高齢者まで幅広い状況にあります。そのうち，高齢者においては，高齢化のさらなる進行が予測されるなか，要介護状態になった際に，家族の有無にかかわらず，住み慣れた地域で暮らし続けることができる社会としての支援体制を必要としています。

　それらの仕組みづくりには，これまでの高齢者福祉の歴史，高齢者を支える制度，介護が必要な高齢者の生活ニーズ，介護人材についてや家族の支援，高齢者の生活をより快適にする福祉機器など，様々な視点が求められます。そのため，本書では，それらの視点に関する知識について，体系的に学べる構成となっています。各章においては，様々な地域の研究者が，それぞれの実践や専門分野を活かし執筆しています。

　介護が必要な高齢者が個々に望む生活は，介護福祉士だけでなく，社会福祉士をはじめ，多職種がかかわることにより，質の高い実現が可能になります。その際の円滑な連携に向けては，ソーシャルワーカーとしての社会福祉士がその一助を担っており，介護面の高齢者福祉の知識が不可欠となっています。

　ソーシャルワーカーになりたい学生をはじめ，本書を手にしたみなさんが，介護を必要とする高齢者が住み慣れた地域にて幸福な生活を送り続けるために，自身の考えを深め，高齢者福祉のさらなる充実を追究するきっかけとなれば幸いです。

　最後に，本書の発刊の機会をいただいた監修の杉本敏夫先生，各章をご担当いただいた先生方，発刊に向けて細部にわたるご配慮をいただいたミネルヴァ書房の亀山みのり氏に，心より感謝申し上げます。

2022年12月

編者一同

さくいん

（＊は人名）

監修者紹介

杉本　敏夫 (すぎもと・としお)

　現　在　関西福祉科学大学名誉教授

　主　著　『新社会福祉方法原論』（共著）ミネルヴァ書房，1996年
　　　　　『高齢者福祉とソーシャルワーク』（監訳）晃洋書房，2012年
　　　　　『社会福祉概論（第3版）』（共編著）勁草書房，2014年

執筆者紹介 （執筆順，＊印は編者）

＊汲田　千賀子（プロローグ，第15章）
編著者紹介参照

木下　寿恵（第1章）
静岡福祉大学社会福祉学部教授

古市　孝義（第2章）
大妻女子大学人間関係学部助教（実習担当）

＊田中　康雄（第3章）
編著者紹介参照

水谷　なおみ（第4章）
日本福祉大学健康科学部准教授

黒木　真吾（第5章）
九州看護福祉大学助教

武田　啓子（第6章）
日本福祉大学健康科学部教授

金　圓景（第7章）
明治学院大学社会学部准教授

＊伊藤　美智予（第8章，エピローグ）
編著者紹介参照

金　美辰（第9章）
大妻女子大学人間関係学部教授

飛田　和樹（第9章）
大妻女子大学人間関係学部専任講師

＊立花　直樹（第10章）
編著者紹介参照

牛田　篤（第11章）
同朋大学社会福祉学部准教授

福田　洋人（第12章）
山口県立総合医療センター事務部医事課主任

野村　脩（第13章）
南海福祉看護専門学校介護社会福祉科長

火口　弥生（第14章）
有限会社あかね福祉サービス取締役

編著者紹介

汲田　千賀子（くみた・ちかこ）

　現　在　同朋大学社会福祉学部准教授
　主　著　『認知症ケアのデリバリースーパービジョン――デンマークにおける導入と展開から』（単著）中央法規出版，2016年
　　　　　『高齢者ケアにおけるスーパービジョン実践』（共編著）ワールドプランニング，2019年

伊藤　美智予（いとう・みちよ）

　現　在　日本福祉大学社会福祉学部准教授
　主　著　「認知症の人が活用しているインフォーマルサポートの種類と機能――認知症ケアマネジメントへの示唆」（共著），『日本認知症ケア学会誌』12(4)，731～741頁，2014年
　　　　　「要介護認定データから作成したケアの質評価指標の妥当性の検証――ブラインドスタディによる特別養護老人ホームへの訪問調査を通して」（共著），『社会福祉学』57(1)，58～70頁，2016年

田中　康雄（たなか・やすお）

　現　在　西南学院大学人間科学部教授
　主　著　『新・エッセンシャル高齢者福祉論』（編著）みらい，2022年
　　　　　『介護職員の定着をいかにして図るか――エビデンスをもとに探る老人ホームの組織マネジメント理論』（単著）ミネルヴァ書房，2023年

立花　直樹（たちばな・なおき）

　現　在　関西学院聖和短期大学准教授，社会福祉法人慶生会理事，社会福祉法人亀望会監事
　主　著　『児童・家庭福祉――子どもと家庭の最善の利益』（共編著）ミネルヴァ書房，2022年
　　　　　『ソーシャルワークの基盤と専門職Ⅰ（基礎）』（共編著）ミネルヴァ書房，2022年

最新・はじめて学ぶ社会福祉㉒

介護概論

2023 年 4 月 1 日　初版第 1 刷発行　　　　　　〈検印省略〉

定価はカバーに
表示しています

監 修 者	杉　本　敏　夫	
編 著 者	汲　田　千賀子	
	伊　藤　美智予	
	田　中　康　雄	
	立　花　直　樹	
発 行 者	杉　田　啓　三	
印 刷 者	坂　本　喜　杏	

発行所　株式会社　ミネルヴァ書房

607-8494　京都市山科区日ノ岡堤谷町 1
電話代表　(075)581-5191
振替口座　01020-0-8076

©汲田・伊藤・田中・立花ほか, 2023　　冨山房インターナショナル・藤沢製本

ISBN 978-4-623-09550-6

Printed in Japan

杉本敏夫　監修

──────── 最新・はじめて学ぶ社会福祉 ────────

全23巻予定／A5判　並製

順次刊行,　●数字は既刊

──────── ミネルヴァ書房 ────────

https://www.minervashobo.co.jp/